# SO BASIC,
# *So chic !*

les indispensables
du dressing

À Romy et Gaspard, car avoir du style s'apprend autant
que les tables de multiplication !

ÉMILIE ALBERTINI
ANNE HUMBERT

# SO BASIC, *So chic !*

## les indispensables du dressing

ILLUSTRATIONS STÉPHANIE ROUSSEAU

MARABOUT

METROPOLITAIN

## LES INDISPENSABLES



## LES ACCESSOIRES



## DERNIERS CONSEILS

# INTRODUCTION

## « La mode se démode, le style jamais. »

Cet aphorisme de Gabrielle Chanel devrait être accroché sur la porte de votre dressing dès demain matin !

À force de vouloir suivre les tendances, on prend des risques : le premier est de faire dans le premier degré et de frôler parfois le burlesque, et le second est de devoir faire face à une concurrence intraitable. Il y aura toujours une fille en avance d'une longueur d'ourlet qui vous fera remarquer à la première occasion que votre paire de salomés tressées date d'une collection Prada vieille de trois ans et qu'à vue de nez votre chemise Vuitton est très 2012 !

Pourtant et toujours par envie de se démarquer, on peut adorer les imprimés, les marier avec des rayures, porter des slims rouges et du vernis tangerine. Mais un jour, on se rend compte que c'est dans la simplicité que l'on bâtit son propre style, et c'est souvent à ce moment que les autres nous félicitent pour notre allure.

Un matin, en effet, devant son armoire, on se promet de revenir à l'essentiel, on jure de ne plus faire chauffer sa carte bleue pour n'importe quel sweat imprimé, mais de réserver son code pin pour une robe bien coupée ou une veste confectionnée dans une belle matière.

Ce matin-là, on admet qu'être mince, ronde, petite ou grande n'est qu'un faux problème. Avoir ou non de l'allure ne dépend pas de notre morphologie. Une coupe qui ne nous convient pas, une matière qui se détériore au fil des lavages ou des couleurs qui passent, et c'est le fiasco assuré.

Alors on comprend qu'avec quelques pièces toutes simples, intemporelles et bien accessoirisées, on peut créer autant de tenues qu'il y a d'événements jalonnant sa vie. On peut séduire en jean, se marier en chemise blanche, assister à une réunion client en Stan Smith et enterrer son banquier en petite robe noire !

Le moment est donc venu de se recentrer sur des pièces indémodables, de bien les choisir et les chérir pour qu'elles durent et deviennent notre seconde peau.
Le moment est arrivé de faire sienne la maxime : « Back to basics ! »

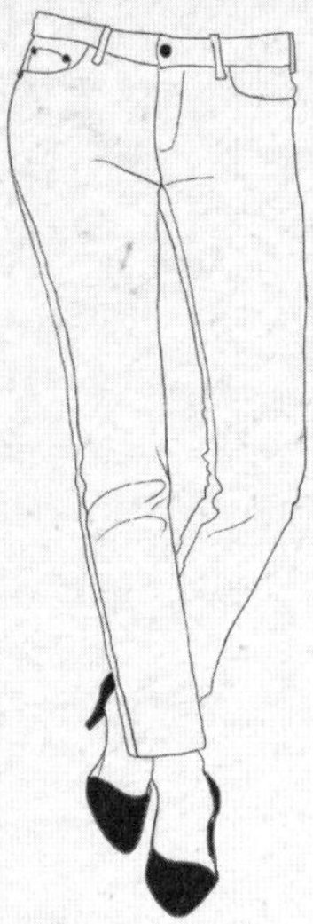

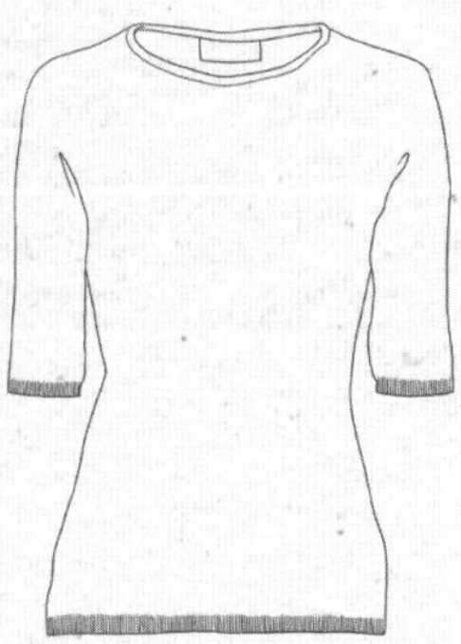



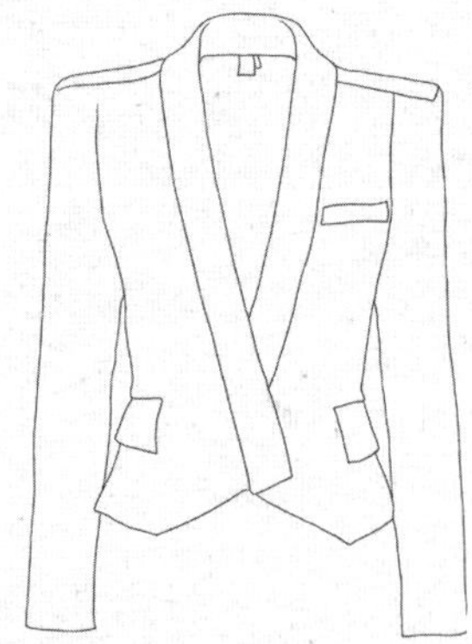

*1re Partie*

# LES INDISPEN-SABLES

**Placez vous devant votre armoire** et observez ce qui s'y trouve : si vous avez un jean, une chemise blanche, un trench, une veste, un pull et une petite robe noire, vous êtes sauvée !
Pourtant, comme souvent femme varie, on vous entend déjà pester chaque matin parce que soi-disant vous n'avez rien à vous mettre !
On s'en doutait ! On a donc fouillé pour vous dans les archives cinématographiques, pris des cours de couture pour vous aider dans vos customisations, trouvé des mix improbables pour que vous soyez bien sapée en toutes circonstances et mis en place une batterie de recommandations morpho pour vous conseiller chaque jour !

# Le jean

## Le jean… Vaste sujet qui revient chaque saison dans tous les magazines de mode.

Comment le porter ? Quelle coupe pour quelle morphologie ? Slim ? Brut ? Délavé ? Autant de dossiers qui passionnent toujours aussi intensément les lectrices…
Et ça ne date pas d'hier. Depuis les pionniers de la conquête de l'Ouest jusqu'à Kate Moss, voici presque deux siècles que le jean s'est incrusté à jamais dans nos dressings. Le monde entier porte un jean. C'est le vêtement le plus démocratique qui soit, portable du 1er janvier au 31 décembre, du rendez-vous d'affaires au week-end cool. Transgénérationnel aussi : qui s'offusquerait qu'une dame de 75 ans porte un jean ? Personne. Le jean, c'est finalement le meilleur ami de l'homme, et de la femme bien entendu. Un genre de toutou fidèle en toutes circonstances et qui n'a même pas besoin de croquettes…
Faisons le tri dans cette frénésie de coupes, de délavages, de poches et de tailles et trouvons ensemble le jean qui sera le mieux adapté à votre morphologie. Une fois que vous l'aurez, vous serez tranquille pour des années !

TROPOLITAIN

# La petite histoire du jean : vive la démocratie !

## LE CHERCHEUR D'OR ET SA FEMME

**Tout commence** comme dans un film. En 1853, Oscar Levi Strauss, un commerçant, vend des salopettes en grosse toile bleue appelée « denim » à des cow-boys et des mineurs aux États-Unis. Tout aurait pu continuer ainsi, et nous ne serions certainement pas en train de vous conter l'histoire de cette pièce culte sans l'arrivée d'une femme, un peu râleuse !
En 1873, un certain Jacob Davis, tailleur de vêtements, fait remonter à Levi Strauss la plainte de la femme d'un chercheur d'or. Elle peste car les poches du denim de son mari ne sont pas assez solides ! Qu'à cela ne tienne, Jacob Davis invente les rivets, rendant ainsi le jean plus costaud. Afin de pouvoir protéger son invention, il doit réunir des capitaux et fait donc appel à Levi Strauss. C'est ainsi que les deux hommes déposent le brevet américain sur la fabrication du blue-jean. L'histoire d'un vêtement qui va connaître un succès interplanétaire est en marche. Après les rivets, la maison Levi's Strauss ajoutera un autre signe de reconnaissance aux jeans : une étiquette en cuir cousue à l'arrière du pantalon représentant deux chevaux écartelant en vain un jean, cousue à l'arrière du pantalon.

**En 1890,** la concurrence débarque et, avec elle, de nouvelles inventions… En 1926, Lee remplace la braguette par la fermeture Éclair. À cette époque, les jeans sont produits en grande quantité et pour un prix modique ; un grand nombre de travailleurs adoptent alors ce pantalon de travail.

**Quant aux femmes, elles ne sont pas en reste :** Levi's leur invente un premier modèle en 1934, le jean 701, à la taille très haute et aux jambes plutôt larges. Viennent ensuite les jeans plus ajustés et qui s'adaptent à toutes les hanches de la marque Blue Bell (ex-Wrangler). Quelques années plus tard, le jean devient une pièce incontournable du vestiaire féminin. En effet, toutes les femmes qui travaillent dans les usines, où elles remplacent les hommes partis au front, portent ce pantalon de toile si pratique.

## LE JEAN FAIT SON CINOCHE

**C'est un média** qui va transformer cette réussite commerciale en phénomène de société : le cinéma. Dans les westerns, les cow-boys portent des jeans, et le denim devient ainsi l'étoffe des héros.
Puis c'est au tour des GI victorieux de pérenniser ce succès et ce, partout dans le monde, dès 1945.

**Dans les années 1950,** le cinéma américain s'exporte dans le monde entier. James Dean, Marlon Brando et Marilyn ont un point commun : ce sont d'immenses stars, des fantasmes absolus… et ils portent fièrement leur jean ! Le pantalon en denim prend alors une forte valeur sexuelle, avant de devenir le signe vestimentaire de la contestation à la fin des années 1960.

**Côté coupe,** le jean n'évolue vraiment que dans les années 1970, quand il devient « pattes d'eph' » ! Les premières customisations apparaissent aussi à cette époque. Brodé, teint ou orné du sigle « peace and love », le jean véhicule un message. Le film *Hair* est un témoignage excellent et très précis du bon goût de l'époque !

**Depuis,** le jean continue à traverser les époques. Et peu de vêtements peuvent se vanter d'avoir fait un tel périple. Quand bien même on porterait aujourd'hui le premier jean Levi's créé il y a plus de cent cinquante ans, personne ne se retournerait sur nous. Essayez donc avec une crinoline !

*PETIT QUIZ*

**À quelle occasion la densité de jean au mètre carré fut-elle la plus importante ?**

Les 15, 16 et 17 août 1969, environ 500 000 jeunes se sont retrouvés à Woodstock pour une série de concerts. Ce rassemblement véhicula tous les codes de la culture hippie de l'époque, et le jean en fut sans aucun doute l'uniforme.
Les garçons le portaient torse nu et cheveux longs, et certaines filles suivirent le mouvement. Le jean devint alors le vêtement rebelle et contestataire par excellence !
Aujourd'hui, les festivals de Coachella aux États-Unis ou de Glastonbury en Angleterre offrent, grâce à leurs muses (Kate Moss, Gwyneth Paltrow), une bonne couverture médiatique au combo micro-short en jean/bottes en caoutchouc comme source d'inspiration pour la jeunesse des années 2000.

# Égéries et scandales

Depuis les années 1950, les actrices portent des jeans sur grand écran. Des hanches rondes de Marilyn aux formes androgynes de Jane Birkin, elles savent choisir le jean qui mettra en valeur leur morphologie, le mixant à des pièces fortes pour créer leur propre style, reconnaissable entre tous.

## 1948 Le taille haute et le foulard de Marilyn Monroe

Une des images les plus emblématiques de la star au début de sa carrière, est celle où on la voit porter un jean Levi's taille haute qu'elle a eu la bonne idée de ceinturer avec un foulard.
Une décennie plus tard, dans *Les Désaxés* de Houston, elle crève à nouveau l'écran en chemise blanche, jean et santiags. Pour l'anecdote, la célèbre veste en jean avec col en moumoute qu'elle porte dans le même film est signée Wrangler.

## 1968 Le jean blanc de Faye Dunaway

De *Bonnie and Clyde* aux *Yeux de Laura Mars*, la magnifique Faye Dunaway impose son style. Dans *L'Affaire Thomas Crown*, c'est un festival de tenues plus inspirantes les unes que les autres. Son jean blanc et son pull caramel confectionnés sur mesure par Theadora Van Runkle restent encore aujourd'hui un exemple à suivre.

## 1971 Le pattes d'eph' de Jane Birkin

Sur la pochette du vinyle d'*Histoire de Melody Nelson*, Jane Birkin, en femme-enfant, ne porte rien d'autre qu'un jean déboutonné. En 1976, dans le film *Je t'aime moi non plus*, elle joue le rôle d'une serveuse androgyne, et c'est encore vêtue d'un jean et d'un débardeur qu'elle crève l'écran. Quelques années plus tard, la chanteuse adopte un « trio stylistique » qui ne la quittera plus : Converse-jean-cachemire à même la peau.

## 1980 Le flare de Farrah Fawcett-Majors

Ce que l'on remarque immédiatement chez la belle Californienne, ce sont ses cuisses galbées et fuselées mises en valeur dans son jean flare. La « drôle de dame » porte son jean ajusté sur les hanches et l'agrémente d'un sweat-shirt UCLA, d'une paire de Nike, d'un skate-board et d'un brushing impeccable. Pour une allure plus chic, elle troque son sweat contre une chemise blanche-col en V.
Ali MacGraw, dans le film *Love Story*, adopte elle aussi le même style. Le look hippie des années 1970 est bel et bien révolu.

*À PLACER DANS UN DÎNER !*

### Marilyn aux enchères

En 1999, Tommy Hilfiger, fan absolu de Marilyn Monroe, s'est offert trois de ses jeans portés dans *La Rivière sans retour* pour la modique somme de 127 000 dollars ! Ah ! oui, on allait oublier...
Il y avait aussi les santiags des *Désaxés* pour ce prix-là ! Pour finir, il a offert les jeans à... Britney Spears. On espère qu'entre deux ou trois crises de delirium aigu, elle aura su apprécier le cadeau à sa juste valeur !

## 1991 *Le total look denim de Thelma et Louise*

Si vous vous demandez encore si l'on peut porter une chemise en jean et un jean, il suffit de visionner le road-movie de Ridley Scott pour en avoir le cœur net ! Jean sous le nombril délavé à souhait accompagné d'une chemise en jean nouée pour laisser deviner le ventre, ou tout simplement accompagné d'une chemise sans manches… Ce road-movie, c'est un peu le festival du denim jusqu'à l'overdose.

## 1990 *Les slims de la brindille*

C'est au début des années 1990 que Kate Moss, icône parmi les icônes, va imposer le jean slim. On le retrouve encore, avec plus ou moins de succès, sur un grand nombre de fessiers de la planète.
Le style de la top rock and roll trouve son inspiration dans les vestiaires de Keith Richards et d'Iggy Pop.

*SCANDALE !*

### 1980 Le scandale Calvin Klein et Brooke Shields

La marque Calvin Klein frappe fort en choisissant la jeune comédienne Brooke Shields, qui a tout juste 15 ans, pour sa campagne de pub.
Vêtue d'un jean, elle crève l'écran et, après un grand nombre de contorsions assez suggestives, elle finit par se vanter que « rien ne se glisse entre elle et son jean » ! C'est avec cette pub que les ventes de la marque explosent. Les ligues puritaines américaines crient au scandale devant cette campagne prenant pour égérie une jeune fille de 15 ans. Calvin Klein n'a qu'une seule réponse aux critiques : « *Jeans are sex* » !

# Les modèles

Chaque saison, c'est la même histoire : une forme ou une marque de jean semble sortir du lot et devient incontournable. Les formes plus amples remplacent les plus ajustées, comme pour nous laisser un peu de temps pour respirer. Mais à quel jean se vouer ? Jambes étroites ou plutôt larges, taille basse ou taille haute, large en bas ou très serré sur les chevilles ?
Pour s'y retrouver dans la jungle du denim, un petit topo s'impose.

## LES FORMES

### Droit ou straight

C'est le classique des classiques, qui colle parfaitement à toutes les fesses et à tous les âges.
Sa taille n'est pas trop basse, et avec une toile brute, il traverse les saisons et les modes sans encombre.
C'est le jean de tous les jours, le 501 de notre adolescence que l'on peut porter en toute occasion sans trop se mouiller.
Aujourd'hui, il se porte quand même un peu plus ajusté le long de la jambe.

→ ***Meilleure ambassadrice :*** Charlotte Gainsbourg.

→ ***Le jean droit qu'il vous faut :*** le New Cure d'APC.

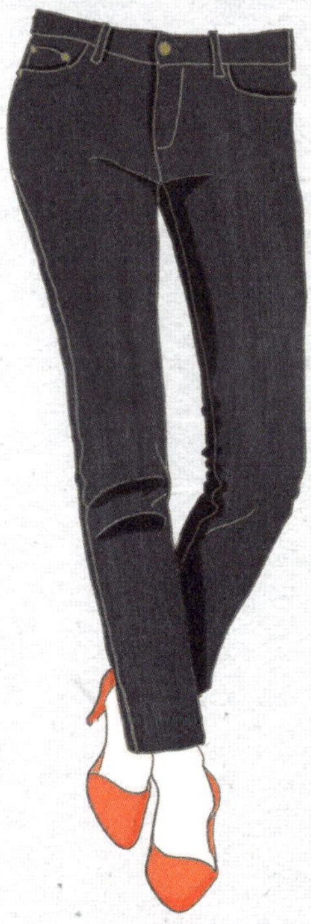

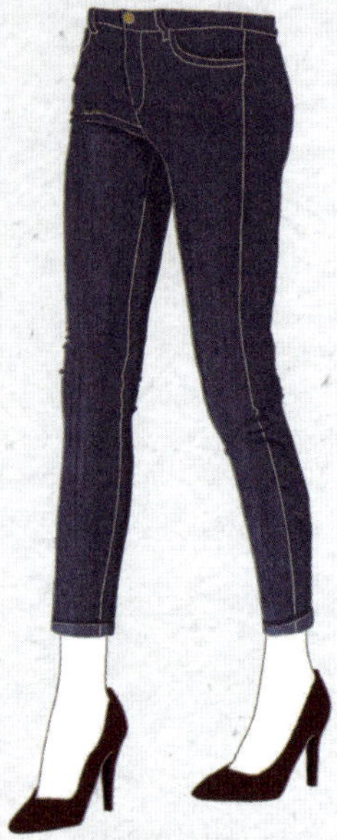

## Slim ou skinny

C'est la forme de jean la plus répandue depuis presque dix ans. Moulant de haut en bas, il épouse toute votre jambe. Le slim est à peine plus large au niveau de la cheville que le skinny, qui, lui, est carrément moulant. Les deux se ressemblent beaucoup. On les choisit impérativement avec de l'élasthanne, qui va galber la jambe et apporter du confort. Toutes les couleurs et tous les imprimés sont acceptés avec un slim.

→ ***Meilleure ambassadrice*:** Kate Moss.

→ ***Le slim qu'il vous faut*:** Zara ou H&M, n'hésitez pas ! Les jeans sont à des prix super-abordables, d'excellente qualité et vous pouvez les renouveler régulièrement.

## Bootcut

Ce jean est ajusté sur la cuisse et s'évase légèrement à partir du genou. Il peut être taille basse ou taille haute. Il a moins de succès depuis l'avènement du slim, mais on le trouve quand même systématiquement dans toutes les marques, parce qu'il est très demandé en dépit de la tendance.

→ ***Meilleure ambassadrice*:** Jennifer Aniston.

→ ***Le bootcut qu'il vous faut*:** le 1969 Perfect Bootcut de Gap.

## Boyfriend

C'est le jean que l'on aurait pu voler à son mec et qui pourrait nous donner la magnifique sensation d'avoir perdu quelques kilos pendant la nuit. Apparu comme le contre-pouvoir du slim alors en pleine suprématie, il offre une vraie dégaine ultra-cool à votre silhouette.

C'est Katie Holmes qui, semble-t-il, a lancé l'hystérie du jean boyfriend en 2008, en se promenant dans les rues de L.A., le jean de son futur ex Tom Cruise vissé sur les hanches.

Et c'est une très bonne idée d'aller chercher son jean au rayon hommes comme Katie ! Les jeans pour hommes ont en effet des tailles ni trop hautes ni trop basses, que l'on n'aura aucun mal à porter bien bas sur la hanche. Prenez simplement une taille au-dessus de la vôtre ; au bout de quelques lavages, il aura sa forme idéale. Par ailleurs, pensez à faire l'ourlet directement dans le magasin, car, à taille égale, les jeans pour hommes sont souvent plus longs.

Vous pouvez aussi sélectionner une coupe boyfriend au rayon femmes, mais, allez savoir pourquoi, ils sont parfois assez chers.

→ ***Meilleure ambassadrice :*** Katie Holmes.

→ ***Le boyfriend qu'il vous faut :*** le 501 de Levi's au rayon hommes.

*LE SAVIEZ-VOUS ?*

### ADN du denim

Le denim est un coton biologique transformé dont les fils sont teints avec de l'indigo naturel, qui donne cette couleur bleue. Ce tissu est utilisé depuis la nuit des temps dans la conception des vêtements. Le denim est très facile à fabriquer : on utilise deux fils de coton – un blanc et un bleu – que l'on tisse autour du blanc. C'est au Japon que l'on tisse les plus beaux denims, que l'on appelle d'ailleurs « Japanese denim ».

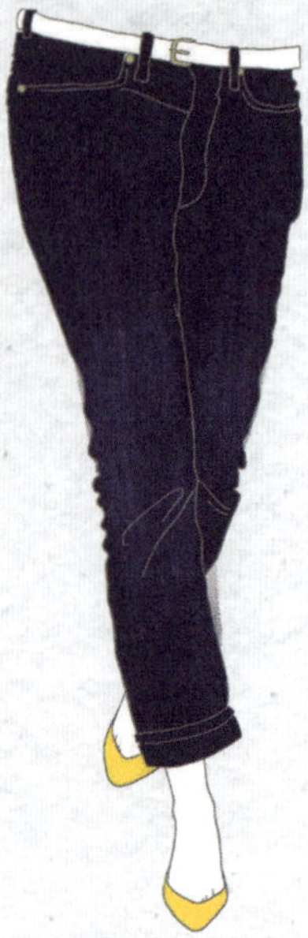

## Boyish

C'est le boyfriend dans sa version féminine. Toujours bas et ample au niveau du bassin, la jambe se resserre progressivement à partir du milieu de la cuisse jusqu'à la cheville. Il se porte de la même manière que le boyfriend, mais il apporte une touche franchement plus féminine. C'est le jean phare des chanteuses de R'n'B.

→ ***Meilleure ambassadrice :*** Rihanna.

→ ***Le boyish qu'il vous faut*** : le Fayza de Diesel.

## Flare

Dans les années 1970, on l'appelait « pattes d'eph' ». Tout le monde voit à peu près de quoi il s'agit. Un jean taille haute, très ajusté aux cuisses et très évasé à partir du genou. Dans sa version 2013, il est moins évasé en bas, mais il se porte toujours taille haute et la cuisse plutôt ajustée.

→ ***Meilleure ambassadrice :*** Claudia Schiffer.

→ ***Le flare qu'il vous faut :*** le Seafarer, pantalon de la marine US porté par Ursula Andress et Jane Birkin dans les années 1970 et réédité, fort du succès du flare de ces dernières années.

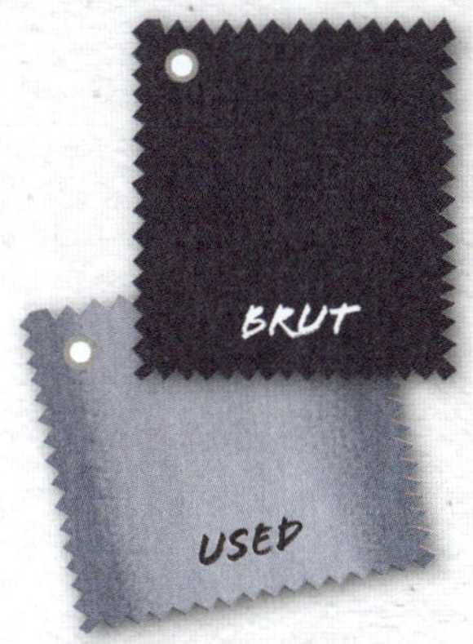


## LES COULEURS

Maintenant que vous n'ignorez plus rien des différentes coupes de jeans existant sur le marché, il est temps de faire le point sur les délavages.

**Brut** C'est le 100 % denim à l'état originel. Il n'a subi aucun traitement et peut être un peu rigide au départ, mais il s'assouplit avec le temps. S'il ne fallait garder qu'une seule couleur de jean, ce serait le brut, la toile de départ qui va vieillir toute seule sur vous, en fonction de votre mode de vie et de vos habitudes.

**Used** Le jean est vieilli par un procédé de sablage et donne l'illusion qu'il est usé naturellement. *Used* en anglais, donc…

**Stone washed** Le jean est délavé avec des pierres ponces, la plupart du temps au niveau de la cuisse et de l'aine. Ces petits traits qui partent de la pliure de la cuisse s'appellent des « moustaches ».

**Bleached** Le « neige » des années 1980 revient, dans une version moins javellisée mais très éclaircie et toujours avec des nuances, comme si on l'avait laissée tremper un peu trop longtemps dans la Javel – en réalité, il est éclairci au chlore.

*ON SE COUCHERA MOINS BÊTES*

### LE JEAN ALTERNATIF

Toutes ces techniques de vieillissement prématuré du jean sont discutables, tant d'un point de vue écologique (il faut des milliers de litres d'eau pour délaver un seul jean), que sanitaire, les ouvriers exposés au sablage ont développé de graves troubles respiratoires.

À l'initiative de Marithé et François Girbaud, créateurs de jeans phares des années 1980-1990, un nouveau procédé de délavage au laser a vu le jour en 2011 : le « watt wash ». Si un délavage « stone wash » nécessite 150 litres d'eau pour un seul jean, la technique du « watt wash » n'en consomme quant à elle que 5 ! Depuis, Replay, Le Temps des cerises, mais aussi Tommy Hilfiger proposent des jeans « water free ».

## CONSEIL MORPHO *n° 1*

# *Quelle est la coupe la plus adaptée à votre morphologie ?*

Vous connaissez à présent les différentes coupes – et couleurs – de jeans. Alors laquelle est la mieux adaptée à votre morphologie ?

AVEC UN JEAN DROIT

### Le droit, ou straight

C'est le jean des bonnes cuisses. Pourquoi ? Parce que la jambe est englobée dans une sorte de tube droit ; ainsi, on ne fait aucune différence entre la cuisse et le mollet et on peut planquer ce que l'on veut dans ce tube ! Des gros genoux, des bonnes cuisses et même une culotte de cheval !

→ ***La meilleure façon de le porter :*** avec une paire de boots en daim plates, un grand pull en cachemire gris et un joli blazer marine.

### Le slim

Longtemps fui par les rondes, il est pourtant assez démocratique : il suffit de lui attribuer les bonnes associations. Il est évident qu'une cuisse très ronde ne va pas porter le slim comme une cuisse de gazelle. En cas de rondeurs, on veillera à porter une veste un peu oversize qui viendra se fermer à mi-genou et, surtout, on galbera systématiquement la jambe avec des talons hauts. Pour faire croire à une jambe plus fine, il suffit de créer le contraste visuellement avec un haut un peu ample, qu'il s'agisse d'un grand gilet en maille, d'une chemise d'homme un peu grande ou d'un pull, à condition qu'il ne soit pas moulant.

→ ***La meilleure façon de le porter :*** la bonne nouvelle, c'est qu'on le peut le porter avec tout ! Talons, baskets, ballerines, boots, tongs, spartiates : tout est parfait avec un slim.

## Le bootcut

Ce modèle va à peu près à tout le monde. Les cuisses rondes voient les choses s'équilibrer grâce au côté évasé du bas. Ainsi, comme pour le flare, la différence cuisse/mollet est moins visible. Attention à lui attribuer la bonne longueur d'ourlet, ni trop long ni trop court. Pile poil sur le cou-de-pied, c'est parfait.

→ ***La meilleure façon de le porter :*** on le préfère toujours avec des talons pour allonger et affiner la silhouette. À porter au quotidien avec un blazer cintré, une belle chemise blanche rentrée dans le jean et une jolie paire de boots à talons.

## Le boyfriend et le boyish

Parfaits sur des jambes un peu rondes et des fesses rebondies, qui créeront du volume à l'arrière tandis que les jambes seront complètement planquées. On évite quand on a les fesses plates ou quand on est vraiment trop menue, sous peine d'avoir l'air complètement noyée.

→ ***La meilleure façon de le porter :*** en mixant le look masculin/féminin. Avec un blazer en tweed, un joli foulard en soie en guise de ceinture, un petit revers qui découvre la cheville et une paire de talons ultra-féminins pour rappeler que l'on n'a rien d'un mec… à part le jean bien sûr !

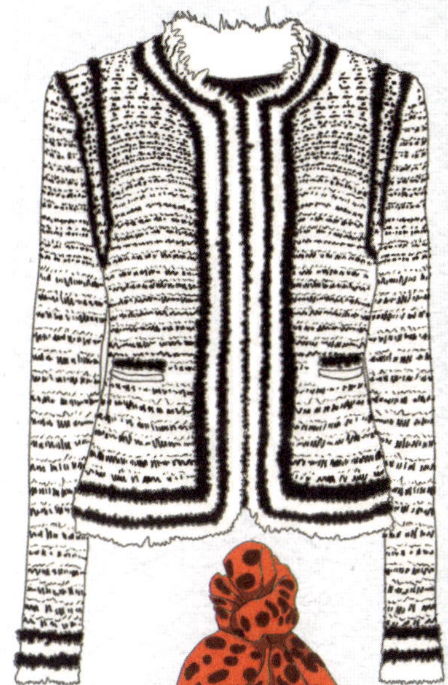

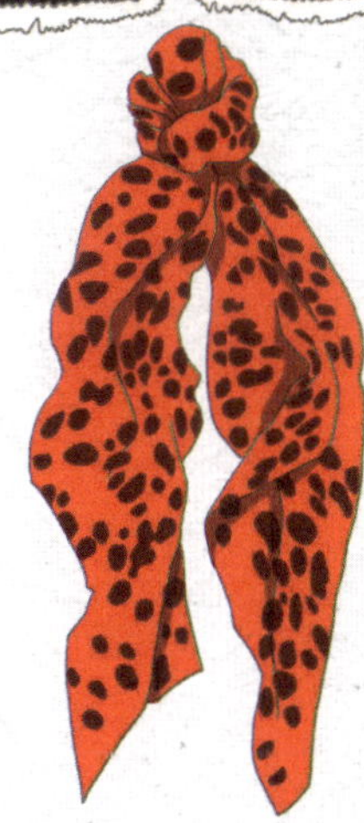

AVEC UN JEAN BOYISH

## CONSEIL MORPHO *n° 1*

AVEC UN JEAN FLARE

### Le flare

Il n'est pas interdit aux rondes, au contraire : comme la cuisse est ajustée et le mollet complètement caché, la différence entre les deux ne se voit plus et la jambe paraît ainsi plus harmonieuse. Seul impératif : des talons très hauts pour allonger la jambe au maximum.
Les autres types de morphologies peuvent aussi s'essayer au flare, en veillant toujours à ne pas tasser leur silhouette, donc en portant absolument des talons.

→ ***La meilleure façon de le porter :*** on l'associe à de gros talons bien hauts et pourquoi pas en bois, ou à des compensées en corde en été avec un top ajusté au crochet et un panier de marché façon Birkin 70's.

## CONSEIL MORPHO *n° 2*

### *Poches et hauteur de taille : comment choisir son jean pour qu'il fasse de belles fesses ?*

Une fois que vous avez choisi la coupe qui vous convient, il va falloir vous pencher sur cette question : « Est-ce que ce jean me fait de belles fesses ? »
En effet, on ne va pas se mentir, un jean va bien quand il fait de belles fesses, voire un beau cul pour parler comme dans la vraie vie. Laquelle d'entre nous ne s'est jamais contorsionnée dans une cabine d'essayage pour vérifier si l'alchimie popotin/poches de jean avait bien opéré ?

En gros, on distingue quatre grandes catégories de fesses, chacune avec des sous-catégories, le corps d'une femme étant multiple, inutile de le préciser :
- les rebondies ;
- les plates ;
- les larges ;
- les petites.

Toutes ces paires de fesses sont en mesure d'être sublimées par le jean idoine.
Démonstration.

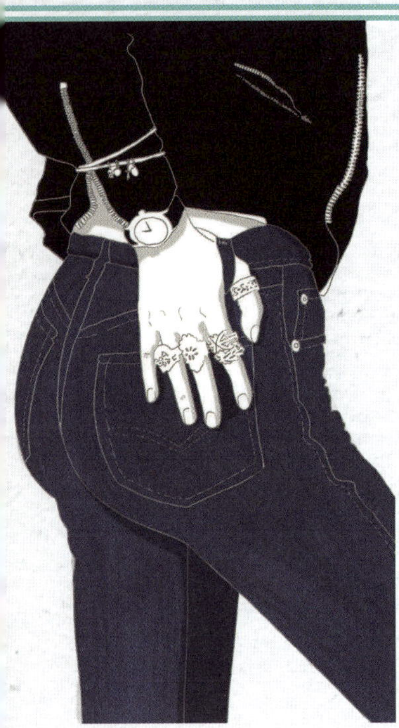

## La fesse rebondie

Quand on est équipée de fesses rebondies, on a en principe le fessier haut, donc on ne doit pas se plaindre.

### À PRIVILÉGIER

• ***Une taille normale, ni haute ni basse,*** qui englobe bien les fesses et les maintient en place. Très utile aussi pour masquer les petites poignées d'amour.

• ***Des poches plutôt petites*** pour donner l'illusion d'un petit popotin, et de préférence légèrement basses afin d'accentuer la cambrure, puisque c'est ce qu'il y a de plus joli sur les fesses rebondies.

• ***Des matières avec 2 % d'élasthanne,*** qui vont galber et maintenir les fesses. Pas plus, sinon la toile perd en densité, devient trop molle, et le rendu est cheap.

• ***Une coupe boyfriend*** dans laquelle la fesse rebondie ne va pas se noyer, mais bel et bien exister grâce à sa cambrure, toujours.

### À ÉVITER

• ***Les tailles trop basses*** qui laissent dépasser tout ce que l'on n'a vraiment pas envie de voir : string, raie des fesses, tatouage disgracieux vestige de notre adolescence, etc. De manière générale, toutes les morphologies devraient éviter les tailles trop basses, mais la fesse rebondie, parce qu'elle est très haute, a réellement tendance à plus déborder qu'une autre.

• ***Des poches à rabat,*** qui vont ajouter encore du volume alors qu'il y en a assez comme ça naturellement.

• ***De trop grandes poches,*** qui vont élargir visuellement.

## La fesse plate

C'est toujours un peu compliqué pour une fesse plate de s'épanouir dans un jean. Souvent, rien n'y fait, et les choses restent désespérément… plates ! Pourtant, il existe quelques subterfuges pour donner le change. Les voici.

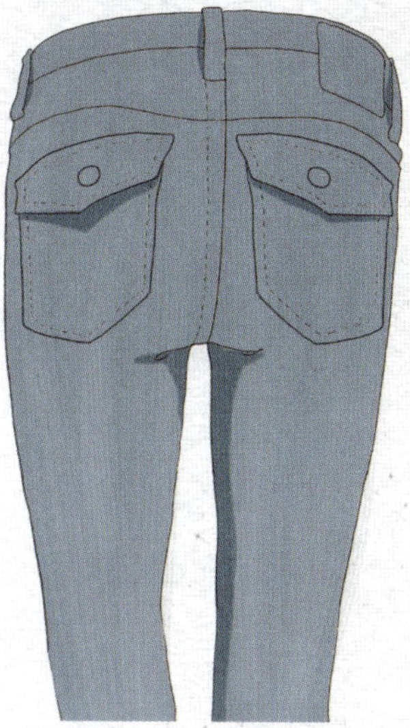

POCHES À RABAT

**À PRIVILÉGIER**

• ***Une taille plutôt basse,*** qui va couper la fesse horizontalement, donc lui retrancher quelques centimètres en haut. C'est toujours ça de gagné quand on veut faire oublier des fesses que l'on n'aime pas trop.

• ***Des poches à rabat fermées par un bouton,*** qui vont repulper visuellement un fessier plat.

**À ÉVITER**

• ***Une taille trop haute,*** qui va ajouter au problème de la platitude un problème de hauteur. Résultat : des fesses plates et très hautes, ça fait beaucoup, non ?

• ***Des poches trop éloignées,*** qui vont donner l'impression d'une fesse non seulement plate, mais large aussi. Manquerait plus que ça !

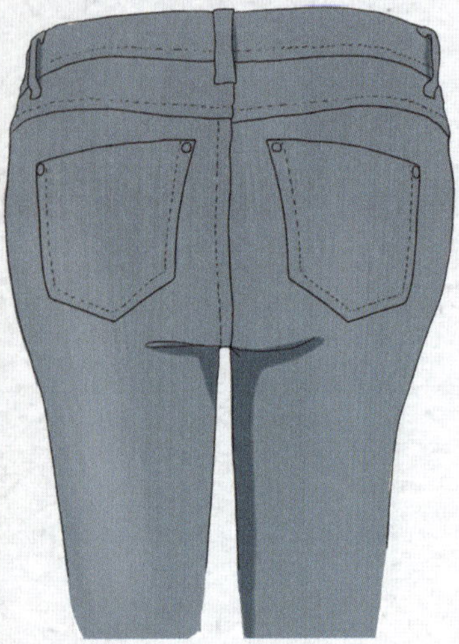

POCHES CENTRÉES VERS LA COUTURE CENTRALE

## La fesse large

### ou, plus exactement, la hanche large

Difficile de faire oublier des hanches-fesses larges, à moins de se raboter le bassin à coup de marteau, ce qui est moyennement pratique et pourrait vous faire perdre du temps le matin avant de partir au boulot.
Pour autant, on peut toujours s'arranger pour les diminuer.

**À PRIVILÉGIER**

• ***Un jean pile poil à sa taille,*** bien ajusté et, surtout, pas de petits centimètres qui flottent de chaque côté, effet encore plus large garanti !

• ***Des poches centrées vers la couture centrale,*** qui vont donner l'impression que les fesses sont resserrées, donc moins larges.

• ***Des matières un peu rigides*** avec un tout petit pourcentage d'élasthanne pour maintenir les fesses galbées au maximum et ne pas les laisser s'étaler partout !

**À ÉVITER**

• ***Des poches trop écartées.*** Visuellement, plus elles sont écartées, plus les fesses semblent larges, ce qui est logique si l'on réfléchit bien !

• ***Des matières trop fines,*** qui ne gaineraient pas assez les fesses et les laisseraient beaucoup trop s'épanouir. Une fesse large a besoin d'être domptée !

## La petite fesse

A priori, la petite fesse n'a besoin de personne, elle est discrète et s'accommode de pas mal de coupes de jeans. Sauf que ce n'est pas tout à fait vrai. À force de se faire discrète, on peut aisément l'oublier. Et le but, c'est de le montrer, son popotin, surtout en jean !

COUPE AJUSTÉE ET POCHES LARGES

### À PRIVILÉGIER

• ***Une coupe bien ajustée, voire moulante.*** Quitte à avoir un petit popotin, autant en être fière et le montrer à tout le monde !

• ***Des poches un peu larges,*** qui englobent bien la fesse, histoire de la faire exister.

• ***Des poches à rabat,*** pour les mêmes raisons que la fesse plate. On crée de la 3D là où il n'y en a pas spécialement.

### À ÉVITER

• ***Les coupes baggy/boyfriend,*** qui vont littéralement noyer la fesse dans trop de matière.

• ***Des poches trop basses,*** qui vont laisser penser que la fesse est inexistante.

Et voilà, chères paires de fesses, vous savez à peu près tout. Il est évident qu'une étude au cas par cas serait la bienvenue, tant il y a de subtilités dans le corps d'une femme. Mais le monde comptant 3,5 milliards de femmes, que l'on multiplie par deux pour avoir le nombre de fesses exact, il faudrait beaucoup de pages pour tout expliquer. Et, dans une perspective écologique, mieux vaut éviter d'abattre autant d'arbres vu que, finalement, de nombreux éléments de réponse figurent ci-dessus.

# Un jean en toute occasion

## UPGRADEZ VOTRE JEAN

Si vous ne deviez choisir qu'un seul pantalon pour toute votre vie, la plupart d'entre vous répondraient instinctivement : un jean ! Pardi ! Il n'y a pas plus facile à assortir et à porter qu'un bon vieux jean. On s'imagine immédiatement bien à plat dans ses Converse, lovée dans un pull en cachemire doudou. Bref, la tenue de combat du week-end dont on se prive à regret dans d'autres occasions. Pensez donc ! Un jean, ça s'upgrade – comprenez « ça prend du galon » –, dès lors qu'on lui associe les bonnes pièces.

### Le jean au boulot

Quel que soit votre job, vous devriez être en mesure de porter un jean. Sauf si… vous êtes ministre ! En effet, en septembre 2012, Cécile Duflot se rendait à un Conseil des ministres en bootcut brut, trench et chemise blanche. La polémique avait alors enflé, pour pas grand-chose. Sa tenue était plutôt sobre et très chic, mais le jean continue à véhiculer une image insolente, difficilement goûtée par les vieux croûtons de l'Hémicycle… Bon, vous n'êtes sans doute pas ministre, donc tout va bien, et vous souhaitez simplement pouvoir de temps en temps bosser en jean tout en restant crédible !

→ ***Le jean idéal ?***
Un slim, le plus brut possible ; il pourra passer pour un pantalon cigarette noir !

**→ *On l'accompagne avec…***
… une chemise blanche rentrée à l'intérieur, une ceinture noire sobre et fine, un beau blazer cintré anthracite ou noir, une paire de boots à talons noires ou de jolis escarpins portés avec des socquettes en fil d'Écosse coordonnées. Ajoutez une belle broche piquée sur le rebord de la veste, histoire de capter l'attention et de faire oublier que vous êtes en jean. Le décolleté incendiaire fait quant à lui très bien diversion, mais vous allez perdre en crédibilité. Gardez-le pour plus tard !

## Le jean à la noce

Oui, un jean peut accompagner de grands jours, un mariage par exemple ! À condition, toujours, de lui associer les bonnes pièces.

**→ *Le jean idéal ?***
Pourquoi pas un flare ? Bleu ciel, taille très haute, en toile plutôt fine pour le côté plus habillé.

**→ *On l'accompagne avec…***
… des talons en bois très hauts pour élancer la silhouette et apporter la preuve que vous avez quand même fait un effort vestimentaire. On le porte avec une chemise blanche très près du corps rentrée à l'intérieur (il en existe en version body extrêmement pratique), un blazer crème ajusté à la taille dans une belle matière chic, mélange de soie et de coton par exemple. Ajoutez un foulard tourné sur lui-même en guise de ceinture. Un joli sautoir en perles auquel vous pourrez nouer un ruban de dentelle pour le décaler un peu sera du meilleur effet. Une capeline dans le même ton que la veste ou, encore mieux, un fedora en cachemire bien souple finira votre look. Optez pour quelques bracelets discrets et fins en or et un joli sac pas trop volumineux. Une mini-besace brodée portée sur l'épaule sera parfaitement assortie.

## Le jean so chic

Vous rêvez d'une silhouette ultra-chic, mais vous refusez de renoncer à votre duo préféré jean/baskets ? Copiez le look d'Inès de la Fressange, l'incarnation de la femme française mais qui reste cool.

→ ***Le jean idéal ?***

Un jean droit, bien coupé et qui vous va bien, cela va de soi !

→ ***On l'accompagne avec...***

... sa plus jolie paire de baskets, mais pas trop imposantes non plus – pas de Jordan ou d'Air Force One !
Optez plutôt pour des Stan Smith ou des Converse et vous aurez votre binôme parfait !
Ensuite, il va falloir upgrader votre silhouette avec un maximum d'effets, exactement comme Inès. En guise de ceinture, passez une chaîne façon Chanel à maillons et cuir (on en trouve partout dans la grande distribution). Sélectionnez une belle chemise ou un tee-shirt en lin blanc bien coupés. Si c'est une chemise, laissez quelques boutons de décolleté ouverts, avec un joli soutien-gorge apparent, en dentelle écrue par exemple. Enfilez par-dessus, au choix, un trench-coat bien ajusté trois quarts que vous porterez ouvert, manches légèrement relevées, ou passez une veste courte et manches trois quarts en lainage mélangé (toujours façon Chanel). Complétez votre silhouette par un borsalino vissé sur la tête et un grand sac cabas en cuir chocolat ou cognac, auquel vous aurez attaché un grand foulard, comme le font toutes les Japonaises un peu pointues !

# DIY
## (DO IT YOURSELF)

### coutures et astuces
### petites customisations en tout genre

Il y a une chose à laquelle on ne pense pas assez, c'est à modifier son jean en fonction de ses besoins grâce à des retouches (c'est valable pour tous les vêtements, d'ailleurs). On peut demander à son couturier de quartier (ou carrément le faire soi-même si on est douée) de procéder à plein de petites modifications pour que son jean colle parfaitement à sa morphologie ou lui donner un second souffle.

**Pour quelques euros de plus, un jean sur mesure !**
Une cambrure trop marquée et c'est la taille qui bâille au milieu des reins. Plutôt que de renoncer à acheter ce jean qui vous va pourtant très bien, vous pouvez faire ajuster la taille pour qu'elle ne bâille plus. Le retoucheur découpera un petit triangle au milieu et resserrera la taille. Non mais... On ne va pas se laisser abattre non plus !

**Vous étiez fan du bootcut** et en possédez une bonne demi-douzaine, mais patatras, vous ne jurez plus que par les slims. Plutôt que de remiser vos anciens jeans en attendant que ça vous passe et de devoir vous racheter une délégation de slims... direction la retouche ! À partir du genou, on resserre le mollet, et vous voilà avec une multitude de slims que vous adorez déjà, puisque dans une ancienne vie, c'étaient des bootcuts !

**La mode est à la cheville apparente,** on appelle aussi ça le « 7/8ᵉ ». Pourquoi ne pas sacrifier un modèle que vous ne portez plus trop en lui retranchant quelques centimètres grâce à un ourlet ? Ça vous évitera d'acheter un nouveau pantalon et vous ferez ainsi des économies. Comptez entre 8 et 12 euros pour un ourlet – ça vaut le coup pour un nouveau jean ! Pensez à emporter les chaussures avec lesquelles vous pensez le plus porter votre 7/8ᵉ, le couturier vous fera exactement la longueur que vous souhaitez.

# DIY

## UN SHORT EN JEAN

Vous rêvez d'un joli short en jean un peu effiloché, comme si vous l'aviez depuis des années, mais vous trouvez que l'effet vieilli sonne faux dans les boutiques ? Faites-le vous-même ! Idéalement, il faudrait intervenir sur un jean un peu grand.

### fournitures

◆ un jean assez épais et 100 % denim

◆ un feutre

◆ des ciseaux

◆ une règle

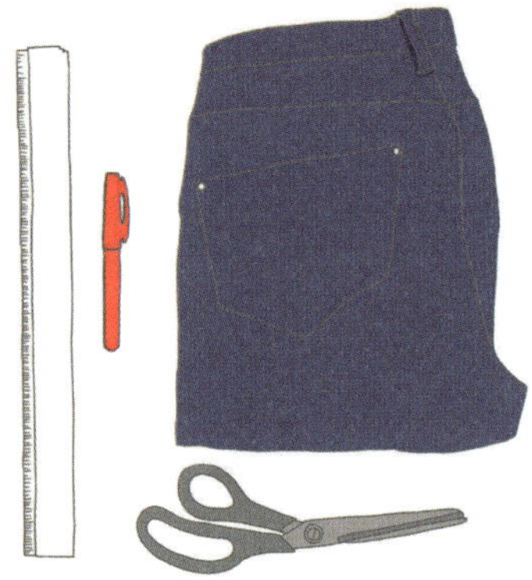

### étape 1

◆ Enfilez votre jean et délimitez avec un tout petit trait de feutre la longueur que vous souhaitez.
◆ Commencez à plat par terre en coupant bien droit à partir de votre trait de feutre. Aidez-vous d'une petite règle.

### étape 2

◆ Pour obtenir la même longueur sur l'autre jambe, rabattez-la sur la partie déjà découpée et suivez exactement la ligne.

**N.B. : un petit tour dans la machine à laver et les petits fils blancs qui font l'effilochage apparaissent !**

# UN JEAN DESTROY

Vous avez très envie d'un jean un peu destroy, troué au genou comme s'il ne vous avait pas quitté depuis des lustres ? Rien de plus simple ! Avec une bonne paire de ciseaux, en cinq minutes, son sort est réglé.

## fournitures

- un jean
- une paire de ciseaux

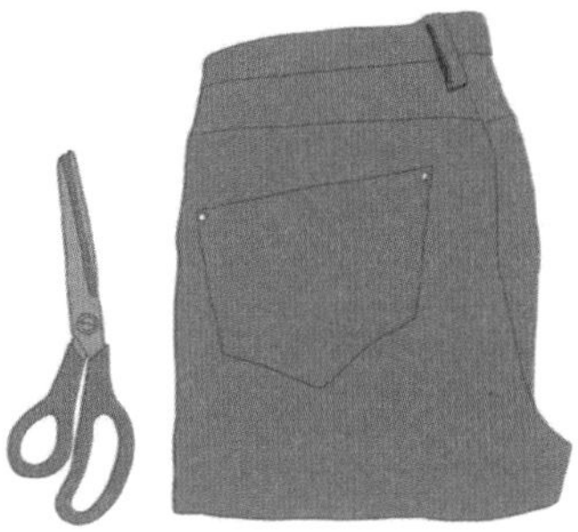

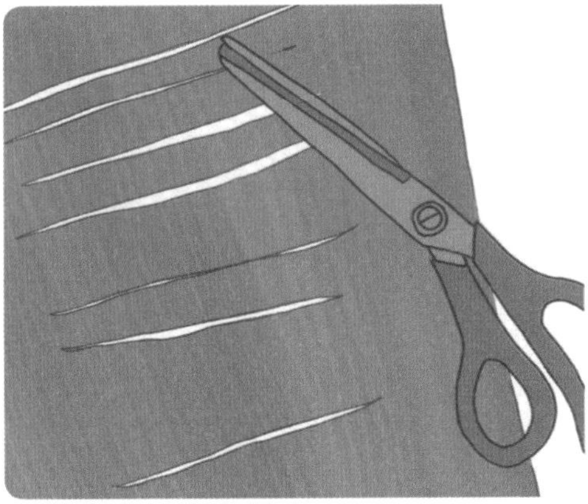

## étape 1

- Prenez des ciseaux qui coupent bien et ouvrez-les au maximum. Grattez la toile de haut en bas et de bas en haut, elle va s'user petit à petit.

## étape 2

- Enfilez votre jean et achevez-le en vous levant et en vous asseyant plusieurs fois, jusqu'à ce que vous entendiez le fameux « crac », signe que votre jean a cédé à votre dernier caprice vestimentaire. So simple !

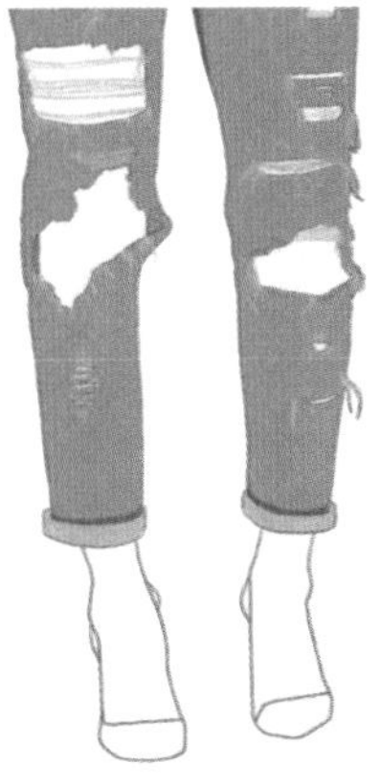

# Conseils et entretien

## LA MALÉDICTION DU JEAN QUI PERD SA COULEUR ORIGINELLE, DONC UN PEU SON ÂME !

Beaucoup de fabricants affirment que moins on lave un jean, mieux il se porte. Il y a même des marques qui préconisent de ne pas lui faire prendre de petit bain pendant six mois. En cas de mauvaise odeur, il suffirait de lui faire prendre un peu l'air sur un fil, à l'extérieur. C'est peut-être pour cela que l'on dit qu'un jean tient debout tout seul, tellement il paraît sale. Nous sommes cependant sceptiques depuis que le petit dernier a fait tomber du ketchup sur notre jean et qu'à la dernière soirée où le champagne coulait à flots, c'était aussi sur notre denim. Bref, faut-il laver son jean ? Si oui, comment ?

### PATIENCE ET LONGUEUR DE TEMPS…

Pour conserver votre jean le plus longtemps possible et le faire vieillir parfaitement, le mieux est en effet d'attendre jusqu'à ce que votre seuil de tolérance au manque d'hygiène atteigne sa limite. Car plus la toile vieillit sur vous, plus les nuances se dessinent naturellement. Les moustaches sur l'aine et le frottement des genoux vont se délaver petit à petit et vous obtiendrez un jean ultra-personnalisé puisqu'il se sera usé en fonction de votre mode de vie. Dans l'attente, aérez-le régulièrement sur l'envers et frottez les éventuelles taches voyantes au savon de Marseille rincé à l'eau claire.

### PREMIER LAVAGE !

Ça y est, ça fait six mois (ou dix jours pour les plus maniaques d'entre vous) et il faut que votre jean sente bon sous peine que votre mec vous quitte !
Un nettoyage à sec s'impose la première fois. Pour les suivantes, nettoyez-le sur l'envers dans une machine à 40 °C en enlevant la fonction essorage, qui tord la toile et lui donne des petites veinures blanches pas jolies jolies.

Attention ! Ces conseils ne concernent que les jeans bruts de chez bruts que l'on veut volontairement voir vieillir le mieux possible. Pour tous les autres, les jeans du quotidien, on envoie direct en machine à 40 °C, sur l'envers toujours, et on ne se pose pas trente-six questions existentielles !
Dans tous les cas, reportez-vous aux étiquettes de vos vêtements (voir « Prendre soin de son linge », p. 215).

# Pour aller plus loin

## WEB - BOUTIQUES - LIVRES

### LE DENIM SUR LA TOILE

Depuis le temps que le jean fait parler de lui, nous ne sommes pas les premiers à avoir envie de vous en dire plus. Des forums spécialisés aux sites ultra-pointus, voici les incontournables de la Toile pour rester informée.

***LES CHAÎNES D'INFO CONTINUE DU JEAN***

Photos de stars en jean, actualité du denim partout dans le monde, derniers modèles, ouvertures de nouvelles boutiques dans le monde entier, sélection de sites pointus, mais en anglais.

• ***Très gossip***

denimology.com denimhunt.com denimblog.com

Des stars en jean de face, de dos, de profil. Pour savoir quel est le dernier modèle que porte Kirsten Dunst, c'est ici.

• ***Ultra-pointu***

blog.stylesight.com/denim

Vous souhaitez connaître les ouvertures de boutiques dans le monde entier, les dernières nouveautés en matière de coupes et de marques ? Vous avez cliqué sur le bon site.

• ***Le plus communautaire***

supertalk.superfuture.com

Des questions pointues, des demandes incongrues ? C'est sur ce forum !

• ***En VF***

blog.jeansdenim.fr

Le site possède un système de recherche assez complet pour trouver le jean à adopter selon votre morphologie : en quelques questions, vous découvrirez la combinaison coupe/confort/taille qui vous conviendra le mieux.

### *UN JEAN SUR MESURE*

Jambes trop longues, taille trop étroite, si le jean est notre seconde peau, autant qu'il épouse parfaitement nos formes.

• ***domyjeans.fr***

Munie d'un mètre de couturière, c'est parti pour la check-list de vos mensurations. Ensuite, vous choisissez tout : le délavage, la couleur, la forme, avec déchirures ou pas. Allez-y mollo sur les détails, sous peine de finir par ressembler à un sapin de Noël !

• ***so.jeans.fr***

Quelque 1 200 modèles des marques les plus tendances du moment sont sur ce site. Petit plus : en quelques clics, vous donnez les grandes lignes de votre morphologie et on vous propose le jean idéal. Après un petit test, les conseils restent malgré tout beaucoup moins probants que ceux du guide que vous avez entre les mains !

## LE JEAN DANS LA VRAIE VIE

### *UN SALON À PARIS*

La manifestation ***Première Vision*** réunit tous les fans du denim. Prochaines tendances, expos, le rendez-vous incontournable du mois de décembre à Paris.
www.denimbypremierevision.com

### *ADRESSES*

Allez hop !, c'est parti pour une virée shopping. Boutiques vintage, flagship stores, suivez le guide pour trouver la pièce rare.

**JEANS VINTAGE ET FRIPES**

**La boutique Omaya vintage**
29, rue Jean-Pierre-Timbaud - 75011 Paris
01 42 01 77 31
Spécialisé dans les années 1970-1980, ce magasin est l'endroit idéal pour dénicher un jean flare de l'époque ou une chemise en jean. Tout est parfaitement trié et bien rangé.

**Kiliwatch**
64, rue Tiquetonne - 75002 Paris
01 42 21 17 37
Probablement le magasin de fripes incontournable à Paris. On y trouve des chemises, des vestes, des shorts en jean et de nombreux accessoires pour accompagner son jean fétiche.

**Free'P'Star**
61, rue de la Verrerie - 75004 Paris
01 42 76 03 72
Shorts en jean à 5 euros, salopettes ou jeans à 10 euros. Attention, il faut prévoir un petit moment pour bien fouiller et trouver les pièces rares.

**LES MEILLEURS MAGASINS POUR UN JEAN TOUT BEAU, TOUT NEUF !**

**Le flagship Levi's**
76, avenue des Champs-Élysées
75008 Paris
Ce nouvel espace propose l'offre de la marque américaine sur trois niveaux, dont un consacré au « Taylor Shop », un atelier de retouche et de personnalisation des vêtements, ainsi que la possibilité de retrouver des modèles vintage.

**L'espace denim du Printemps**
64, bd Haussmann – 75009 Paris
01 42 82 50 00
On y trouve la crème des marques de jeans, avec des vendeurs expérimentés pour trouver le modèle idéal.

## POUR EN SAVOIR PLUS

***UN DOCUMENTAIRE INCONTOURNABLE***
**Jeans, une planète en bleu**
Vous en avez déjà beaucoup appris, mais rassurez-vous, il reste un grand nombre d'anecdotes et de découvertes à faire grâce à ce documentaire passionnant de Thierry Aguila.

***UN GROS LIVRE***
**Denim, l'épopée illustrée d'un tissu de légende,** de Graham Marsh et Paul Trynka, Éditions du Collectionneur, 2003.

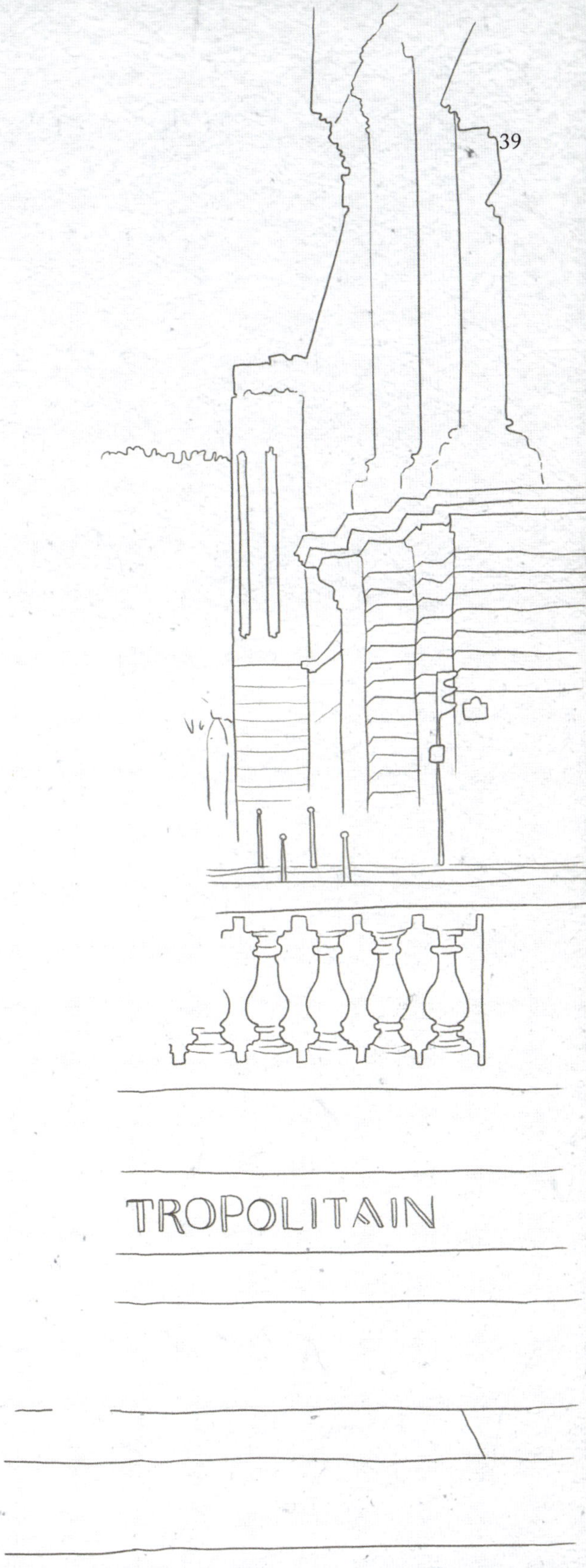

# La chemise blanche

## A priori, la chemise blanche serait plutôt un classique de la garde-robe masculine.

A priori. Parce qu'en y regardant de plus près, cela fait bien longtemps que la chemise blanche est entrée dans les indispensables du vestiaire féminin. Et pourtant, elle manque encore à l'appel de pas mal de garde-robes. Salissante, trop guindée, trop collet monté, trop froissable, trop blanche. Trop, tout court. La chemise blanche ne fait pas toujours l'unanimité, et c'est bien dommage... Une belle chemise blanche, bien coupée, pile à sa taille, c'est tellement féminin, chic, décontracté, glamour, simple, évident. Il est temps de vous laisser convaincre ou, si vous l'êtes déjà, d'explorer toutes les facettes du plus minimaliste des vêtements. Avec ou sans collier, manches retroussées, col échancré, rigide ou claudine, à l'intérieur du jean, ou bien à l'extérieur... Il y a des dizaines de façons d'investir une chemise blanche, de traverser les saisons et les occasions en sa compagnie et de se fabriquer un look masculin/féminin, glamour, bohème, preppy... Reste à choisir le bon modèle et, ça tombe bien, nous sommes là pour ça !

ROPOLITAIN

# La petite histoire de la chemise blanche : le basique unisexe

## CACHEZ CETTE CHEMISE QUE JE NE SAURAIS VOIR

**La chemise existait déjà au Moyen Âge,** mais à l'époque, elle était utilisée uniquement comme sous-vêtement. Les femmes portaient la chemise tout comme leur mari, de jour comme de nuit. Pour éviter que l'on ne devine trop la forme de leur anatomie, l'Église leur conseillait de comprimer leurs seins dans des bandeaux.

## LA CHEMISE PREND LE DESSUS

**Au XVIe siècle,** les hommes font de la chemise un des basiques de leur garde-robe, et la chemise blanche portée sous des vestes échancrées devient un signe de distinction sociale. Du côté du dressing féminin, son apparition attendra encore quelques siècles. On la retrouve portée sous une petite veste cintrée lorsque les femmes montent à cheval ; c'est ce que l'on appelle alors le costume d'amazone.

## QUAND LES FEMMES PIQUENT LES CHEMISES DES HOMMES

**Au XIXe siècle,** George Sand la scandaleuse sera la première à lancer la mode du costume masculin. Pourtant dans son cas, il n'est pas question de coquetterie. La femme de lettres s'habille avec des pantalons, des vestons et des chemises par souci d'économie, mais aussi pour entrer clandestinement dans des lieux alors réservés aux hommes.

*ON SE COUCHERA MOINS BÊTES*

### No sex tonight

Au Moyen Âge, on ne disait pas : « Pas ce soir, chéri, j'ai la migraine. » On n'ôtait simplement pas sa chemise afin de signifier que cette nuit, ce n'était même pas la peine d'y penser !

**En 1920, le corset est jeté aux orties,** et les femmes portent enfin des sous-vêtements. Un immense vent de modernité souffle, et tous les attributs traditionnels de la féminité sont alors bannis. Les femmes se veulent les égales des hommes, sortent entre copines et fument en public. Par provocation, elles affichent une sexualité ambiguë, allant jusqu'à piocher des chemises dans les vestiaires masculins pour s'habiller en garçonnes.
En 1925, Chanel, Patou et Lelong créent la silhouette « à la garçonne ». Les jupes se raccourcissent, les chapeaux cloches s'enfoncent jusqu'aux yeux et il n'est plus rare de voir ces silhouettes faites de soie blanche et de cravates masculines. Le tailleur, (jupe et veste) gagne chaque jour de nouvelles adeptes. Pratique, il simplifie la mode et, sous la veste, on trouve bien entendu une blouse, avec ou sans manches.

*À PLACER DANS UN DÎNER !*

### La tache de sang

On raconte dans les chaumières que les femmes de soldats recevaient la chemise ensanglantée de leur mari mort au combat. Charmant, n'est-ce pas ? Par ailleurs, dans de nombreux pays, on aimait autrefois montrer la chemise de la mariée, sur laquelle une trace de sang venait souligner la perte de sa virginité. Le blanc pur et virginal de ces chemises a toujours eu une forte signification symbolique.

## DU CORSAGE À LA CHEMISE…

**Dans les années 1950,** avec l'arrivée du pantalon, les femmes vont définitivement adopter des corsages, que l'on appellera « chemisiers », avant d'abandonner plus tard ces termes pour ne plus parler que de « chemises ».
Des égéries comme Brigitte Bardot et Juliette Gréco symbolisent à elles deux la mode de l'époque. Il n'est pas rare de les croiser, des caves de Saint-Germain aux rues de Saint-Tropez, vêtues d'un chemisier, d'un corsaire et de ballerines. Balenciaga fait alors entrer dans sa collection une robe vague s'inspirant de la forme de la chemise.
À la même époque, de l'autre côté de l'Amérique, ce sont Audrey Hepburn et Marilyn Monroe qui portent la chemise blanche mieux que personne, accompagnée d'un jean ou d'une petite jupe longueur midi. Les manches sont relevées jusqu'aux coudes, et le décolleté est sage mais très sensuel.

# Égéries et scandales

On se rappelle tous de la chemise blanche de Kim Basinger dans *9 semaines et demi* empruntée à Mickey Rourke, ou de celle de Julia Roberts piquée à Richard Gere dans *Pretty Woman*. Pourtant, porter une chemise blanche d'homme date de bien plus longtemps et ce masculin-féminin a rendu plus d'une actrice plus sexy que jamais !.

## 1930 *L'androgyne Marlene*

Costume trois-pièces, veste cintrée et pantalon large, chemise blanche avec ou sans cravate. Voilà les signes distinctifs du style volontairement ambigu de Dietrich. À la fois femme fatale et androgyne, elle continue à inspirer grand nombre de créateurs. On notera son amour des chapeaux, qui accessoirisent divinement sa tenue et mettent en valeur son carré cranté.

## 1930 *Katharine Hepburn, ou le col fermé d'une femme libre*

Celle qui participa (avec Dietrich, bien entendu) à la démocratisation du pantalon large pour les femmes est elle aussi adepte du look androgyne. C'est le col fermé, et parfois même agrémenté d'une cravate, qu'elle porte la chemise blanche. Très peu maquillée, son élégance sportive aura beaucoup d'influence.

## 1975 *Le noir et blanc de la rockeuse*

Sur la pochette de son album *Horses*, réalisée par le photographe Robert Mapplethorpe, la chanteuse de rock Patty Smith porte une chemise blanche, une cravate slim et une veste jetée sur l'épaule : la star affiche son look androgyne. Ann Demeulemeester, une amie de la chanteuse, s'est beaucoup inspirée de son allure pour ses collections, qui ont toujours fait la part belle aux chemises.

### 1977 L'allure bobo d'une New-Yorkaise

C'est dans *Annie Hall* de Woody Allen que l'on découvre une Diane Keaton au look emprunté au vestiaire masculin. Chemise et cravate Ralph Lauren, petit veston et pantalon large à taille haute, autant d'attributs qui ne cesseront d'inspirer les filles à la mode.

### 1990 La chemise boyfriend de Pretty Woman

Une des premières à avoir utilisé la chemise de son amant au cinéma, c'est Julia Roberts dans *Pretty Woman*, hyper-sexy au naturel avec sa chemise blanche et sa micro-jupe en jean. L'astuce pour féminiser l'ensemble ? La chemise est ouverte sur un petit top à bretelles. Un peu 90's quand même !

### 2000 La chemise d'Inès

S'il y a bien une Française qui porte divinement la chemise blanche, c'est Inès de la Fressange, tant cette pièce de sa garde-robe semble faire partie intégrante de son corps. Ultra-chic sans en faire trop, elle sait mieux que personne twister ce basique avec des pièces ultra-simples comme un slim et une paire de Roger Vivier.

# Les modèles

Il n'y a pas une chemise blanche, mais des dizaines de chemises blanches. Dans l'imaginaire collectif, une chemise blanche est forcément en popeline, légèrement amidonnée, avec un col classique, des boutons et des manches. Point barre. Faux et archifaux ! La chemise blanche peut être en lin, en coton et Lycra, en jersey, en soie ou en popeline. Elle peut avoir un col classique, mais aussi claudine, ou bien mao, ou même ne pas avoir de col du tout. Elle peut avoir une poche sur la poitrine, deux poches sur la poitrine, des pattes aux épaules. Elle peut vous faire ressembler à un vrai mec qui en a là-dedans, à une petite chose toute fragile ou à une bombe atomique… ce qui nous plaît beaucoup ! On peut la porter large, très ajustée, nouée sur le nombril, décolletée, boutonnée jusqu'en haut, déboutonnée jusqu'en bas.
Avec une chemise blanche, on peut être chic, cool, décontractée, sophistiquée, sérieuse, sexy. Dites donc, ça en fait des arguments pour s'en offrir une, non ?

## LA CHEMISE CLASSIQUE CINTRÉE

Quelle que soit sa matière, la chemise classique a un col dit « classique », ou « col droit ». Afin que votre chemise ait la meilleure tenue, n'hésitez pas à la choisir dans un mélange de coton et d'élasthanne. Il existe aussi des bodys chemises, hyper-pratiques, notamment pour les aficionados de la chemise rentrée dans le pantalon et qui ne déborde jamais. Il y en a de très bien chez Wolford.

### Comment et avec quoi porter la chemise blanche classique ?

Il n'y a pas plus joli que le combo jean-chemise blanche-blazer. Quelle que soit la température extérieure, la chemise blanche se porte ouverte d'au moins trois boutons. Et si vous êtes sensible des bronches, portez une écharpe et mettez-y un peu du vôtre ! Avec un modèle cintré, optez pour un jean taille normale dans lequel vous glisserez votre chemise. Avec votre chemise bien décolletée et rentrée dans un jean taille normale, enfilez un blazer bleu marine, chaussez une paire de ballerines et vous obtenez la tenue la plus chic et transgénérationnelle qui soit en quatorze secondes chrono. Le soir venu, troquez votre paire de ballerines pour des stilettos en veau velours marine ou noir, piquez une broche en strass sur le revers de votre veste et retroussez vos manches pour laisser voir quelques bracelets dorés. Peignez votre bouche en rouge et attachez vos cheveux en chignon coiffé décoiffé, et vous voilà sexy en diable en quatorze secondes chrono aussi ! Tout ça est d'une simplicité enfantine, sans compter que le jean, le blazer, les ballerines et les stilettos font partie de la liste des intemporels de cet ouvrage !

→ ***La chemise classique qu'il vous faut :***
Anne Fontaine ou Zara, qui en fait toujours au moins une très belle par saison.

## LA CHEMISE D'HOMME

La chemise d'homme est coupée droite et ne comporte pas de matière élastique. C'est souvent difficile d'en trouver au rayon femmes, du coup, en toute logique, on se rabat chez les hommes !
Mais comment bien repérer la chemise blanche parfaite qui ne fera pas trop « je l'ai piquée à mon mec, je suis noyée dedans et en plus, le col est trop rigide » ? Il y a en effet quelques pièges à déjouer, le premier étant le choix de la matière : on ne sélectionne que les modèles 100 % coton, le tissu doit être souple et lisse au toucher.
Ensuite, on touche le col. Un col trop haut, ou trop rigide, ou trop droit, ou les trois à la fois, ça donne tout de suite une allure de banquier – même si on adore les banquiers, qui peuvent s'avérer de précieux amis, surtout en cas de shopping intempestif ! Même chose pour les baleines, ces petits bâtons plats en plastique qui font tenir les cols bien hauts : zappez-les ! Le col doit donc aussi être souple.
Vous devez ensuite trouver votre taille. N'imaginez pas

que tous les mecs mesurent 1,90 m, comme dans vos rêves où il est question de Ryan Gosling ! Certains hommes plafonnent tout juste à 1,60 m, comme Tom Cruise, et portent des chemises qu'ils ont achetées dans le commerce. Donc, à la question « Y a-t-il ma taille au rayon hommes ? », la réponse est : « Oui. » À la seconde question : « Puis-je faire d'une pierre deux coups et la piquer à mon homme ? », la réponse est : « Oui, si votre moitié fait votre taille, votre poids et votre carrure (même si c'est inquiétant), et non si ce n'est pas le cas. »

## Comment et avec quoi porter la chemise blanche d'homme ?

Avec un modèle droit, la vraie chemise de mec donc, on porte exactement la même chose qu'avec une chemise cintrée : le duo parfait jean-blazer. On perdra un peu en féminité, la taille et la poitrine seront moins mises en valeur, mais on gagnera en « coolitude ». La chemise droite ne rentre pas bien dans un jean, elle blouse de partout car elle n'est pas faite pour ça. On la porte donc à l'extérieur, voire, si on est vraiment une fashion victim, avec un seul côté glissé dans son jean, le reste sorti négligemment ! Le choix du blazer diffère aussi de celui que l'on met avec la chemise cintrée : on préférera un blazer coupé droit pour jouer à fond la carte masculin/féminin. Aux pieds, pas de ballerines, le contraste serait trop saisissant, mais pourquoi pas une paire de mocassins, de derbies ou, si vraiment vous trouvez que ça fait trop mec, une paire de boots en daim beige.
L'été, vous pouvez aussi défaire le dernier bouton de votre chemise et nouer le bas, manches retroussées sur des bracelets brésiliens, collier turquoise autour du cou, short en jean et spartiates.

La chemise d'homme classique vous accompagne en toutes saisons et toutes circonstances. S'il ne fallait en choisir qu'une, n'hésitez pas, c'est celle-là. Alors foncez !

→ ***La chemise blanche d'homme qu'il vous faut :*** Agnès B., ou celles de la maison Charvet, vraiment très chics.

## LA CHEMISE FLUIDE

### *En soie*

La chemise en soie n'appartient qu'au vestiaire féminin, c'est un incontournable d'une garde-robe chic. Elle est souple, aérienne et fluide. Pour être tout à fait honnête, une belle chemise en soie n'est pas blanche, mais plutôt ivoire. Mais on ne va pas chipoter sur quelques nuances de blanc, n'est-ce pas ? Et, pour être tout à fait honnête bis, la soie est une matière luxueuse qui n'a pas son égal en termes de douceur, de confort et de tombé, mais elle coûte cher. En général, la chemise en soie est plutôt ample et se porte un peu « loose ». On la trouve souvent avec deux poches sur la poitrine et parfois même des pattes sur les épaules. A priori très habillée, elle se porte néanmoins du soir au matin…

→ ***La chemise en soie qu'il vous faut :*** une chemise Equipment sans hésiter !

### *En matière synthétique*

Si vous êtes un peu fauchée, vous pouvez faire le choix de l'ersatz de la soie : le polyamide ou la viscose. Ces matières synthétiques, fierté des innovations techniques des années 1980, imitent certes très bien la soie pour un prix peut-être cinq fois inférieur, se lavent en machine et font tout un tas de trucs

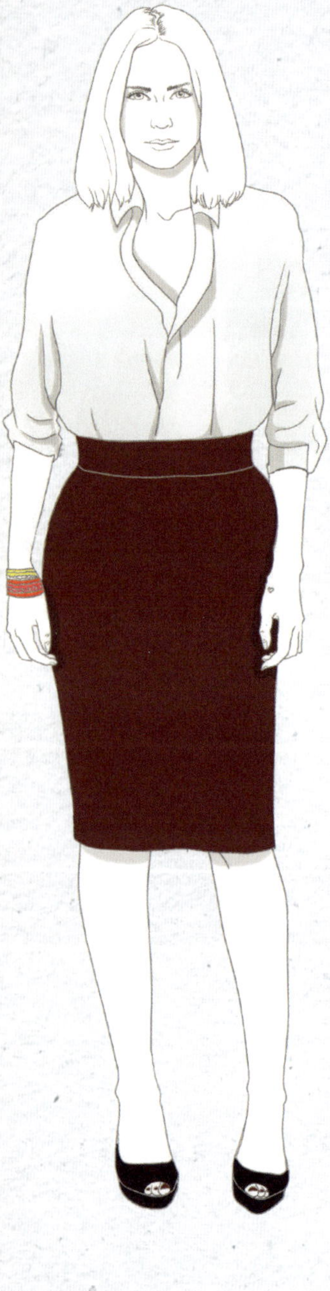

super, mais elles font aussi énormément transpirer. Oui, le mot est lâché : trans-pi-rer. La peau étouffe, ne respire pas, ne s'oxygène pas, et les odeurs s'invitent à la fête sans le moindre carton. Rédhibitoire donc. Mais bon, c'est vous qui connaissez vos priorités ! Faire des économies ou sentir bon ?

→ ***La chemise en matière synthétique qu'il vous faut (si vous insistez vraiment) :*** American Apparel.

### Comment et avec quoi porter la chemise fluide ?

Dans la journée, sur un joli pantalon de tailleur cigarette et sa veste coordonnée, une paire de jolis escarpins et un sautoir en perles. Vous êtes Greta Garbo, vous avez compris que mélanger les styles représente le chic ultime.
Le soir, on peut la glisser dans une jupe crayon en la faisant blouser. On ne retrousse pas les manches, elles glisseraient deux secondes plus tard ; au contraire, on les garde bien fermées. On enfile des bas avec coutures et on chausse des escarpins avec patins avant et gros talons très années 1940. Attention aux auréoles de transpiration, la soie s'humidifie très rapidement, d'où l'importance de porter sa chemise le plus souple et éloignée des aisselles possible !

## LA CHEMISE À COL CLAUDINE

Le col claudine est le col arrondi de petite fille sage que l'on portait dans la cour de récré du temps où on était encore à peu près innocente. Aujourd'hui, la chemise à col claudine s'impose dans la garde-robe des grandes personnes pour un style ingénu hyper-féminin et pas régressif pour autant. La maison Carven, notamment, en a fait la signature de son style et les it-girls les plus pointues l'ont adoptée avec beaucoup de style, comme l'Anglaise Alexa Chung. Quel que soit votre âge, vous pouvez porter un col claudine sans craindre que l'on vous propose des sucettes et que l'on vous oblige à faire une sieste l'après-midi.

## Comment et avec quoi porter la chemise à col claudine ?

Le col claudine s'épanouit particulièrement lorsqu'il est porté sous un vêtement. En réalité, on se moque un peu de la chemise, ce qui compte, c'est le fameux col arrondi. On porte donc sa chemise sous un petit pull en cachemire à col rond, anthracite, noir, marine, gris clair, le tout étant que le col blanc contraste.
Avec une jolie jupe un peu évasée jusqu'aux genoux, une belle paire de collants opaques en lainage (on est en hiver quand même !) et, plutôt que de porter des ballerines, qui seraient peut-être un peu trop premier degré dans le côté petite fille, on enfile une paire de sandales en cuir naturel et talon de bois, des sabots suédois que l'on trouve chez Swedish Hasbeen ou Kerstin Adolphson. Si vous êtes un peu plus jeune, ou vraiment très pointue, ou encore pas du tout frileuse, troquez vos collants contre de grosses chaussettes en lainage chiné que vous portez en accordéon sur vos sabots. Attrapez un sac cartable en cuir naturel, et vous voilà avec le look le

*ON SE COUCHERA MOINS BÊTES*

### Pourquoi appelle-t-on un col claudine « col claudine » ?

En 1900, l'écrivain Colette publie ses souvenirs d'enfance, quatre ouvrages d'une même collection baptisée « Les Claudine ». L'auteur pose sur la couverture dans une tenue sombre dont le col est arrondi. Il n'en fallait pas plus pour que ce col prenne le nom de « col claudine ». Les Anglo-Saxons l'appellent quant à eux le « *Peter Pan collar* »... Pourtant, quand on se penche sur la tenue de Peter Pan, il semblerait qu'il porte plutôt un genre de polo très échancré sur la poitrine... Bizarres, ces Anglo-Saxons !

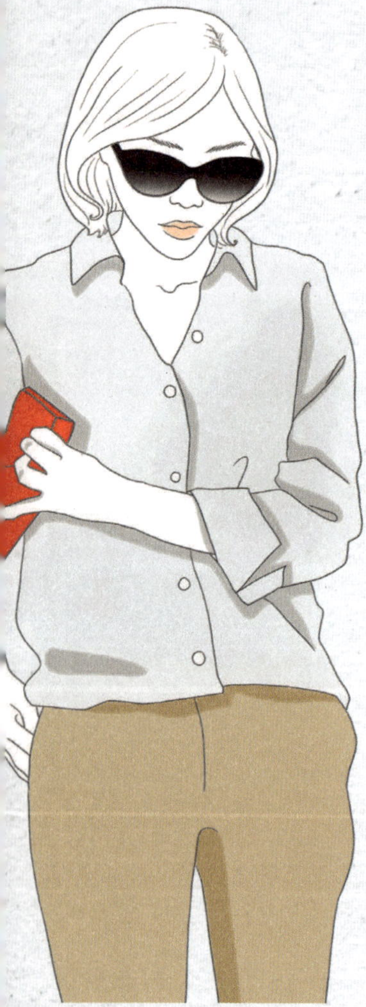

plus approprié au col claudine ! Pour le soir, on reprend le conseil de la petite robe noire, que l'on vous répète si vous l'avez déjà oublié : on porte sa chemise à col claudine sous sa robe, collants plumetis et escarpins noirs et, toujours, toujours, sempiternellement, la bouche laquée en rouge et le petit trait d'eye-liner !

→ ***Celle qui vous faut:*** un col claudine de chez Carven.

## LE PROBLÈME ÉPINEUX DE LA CHEMISE EN LIN

Dès qu'arrive l'été, le lin sort de sa naphtaline hivernale pour s'imposer comme une évidence. « C'est l'été, alors on porte obligatoirement du lin, non ? » D'un côté, ce n'est pas faux, le lin est une matière naturelle qui laisse respirer la peau et qui ne tient pas chaud. Ce sont de très bons arguments, c'est certain. Mais le lin se froisse à la seconde où l'on pose ses yeux dessus. Accordéons à la pliure du coude, froissage instantané, chiffon en fin de journée… Et tout de suite, l'allure devient très, très (trop ?) décontractée. Pour couronner le tout, le lin est devenu, au fil des saisons, une matière plutôt réservée aux looks matures, pour ne pas dire de viocs ! Pour autant, on ne peut pas trop s'en passer, surtout que certaines d'entre vous en sont complètement addicts ! La bonne prescription serait de porter la chemise en lin dans un contexte uniquement estival, très décolletée, manches retroussées, avec un short en jean ou un pantalon un peu sarouel, spartiates en cuir et bracelets ethniques.

# CONSEILS MORPHO

## *Quelle est la coupe la plus adaptée à votre morphologie ?*

Quand il s'agit de la chemise blanche, il n'y a pas d'indications particulières en termes de morphologie. Que vous soyez une brindille ou que vous en soyez loin, toutes les chemises blanches sont censées vous mettre en valeur ! Voici malgré tout quelques indications.

### *Quand on a beaucoup de poitrine*

La chemise cintrée a tendance à tirer de tous les côtés. L'effet bouton prêt à exploser n'est jamais très loin, pour la plus grande satisfaction de votre voisin de bureau, ou de votre voisin tout court, qui vous croise dans l'ascenseur avec un regard entendu posé sur votre décolleté. Le seul moyen d'y remédier est de choisir un modèle vraiment à votre taille. Tant que les boutons ne sont pas fermés à double tour sans la moindre trace de peau, on n'achète pas. C'est pour ça que la chemise droite coupe homme semble mieux adaptée aux poitrines généreuses, à condition de défaire les boutons du décolleté au moins jusqu'à la naissance des seins. Il vaut mieux un décolleté assumé que des boutons prêts à exploser.

### *Quand on a de gros bras*

La chemise a tendance à boudiner sous les aisselles et ça, c'est pas joli joli ! Si vous êtes dans ce cas, choisissez exclusivement des modèles qui contiennent de l'élasthanne, comme les chemises blanches cintrées. Elles épouseront vos formes et permettront plus d'amplitude à vos gestes.

### *Quand on a un cou un peu fort ou un petit double menton*

On évite la chemise à col claudine, qui se porte exclusivement boutonnée jusqu'en haut et qui aurait tendance à mettre l'accent sur ces petits défauts. On privilégie la chemise en soie portée bien décolletée, dont la délicatesse et la souplesse donneront l'illusion que vous êtes plus fine.

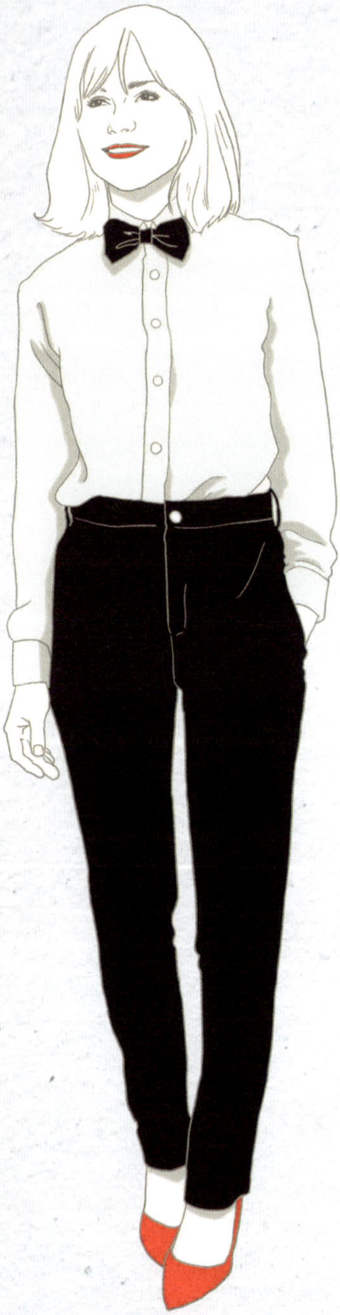

# Une chemise en toute occasion

## UPGRADEZ VOTRE CHEMISE BLANCHE

Il n'y a rien de plus basique qu'une chemise blanche. Pourtant, associée aux bons accessoires, elle peut devenir sexy, chic, rock et vous accompagner jusqu'à l'autel !

### De l'importance du choix du soutien-gorge

Il n'y a rien de plus joli qu'une chemise blanche ouverte l'air de rien et qui laisse apparaître un bout de dentelle ou une couleur flashy. L'idée, c'est que ce soit délicat et pas vulgaire. On oublie donc les push-up et la lingerie qui fait vraiment trop lingerie, genre balconnet rouge. On oublie aussi le soutien-gorge de sport en coton, mais ça, vous l'aviez deviné ! On choisit un joli triangle en dentelle ivoire, ou pourquoi pas noire, ça peut être très féminin du moment que c'est fait exprès. En été, on s'offre une couleur flashy, grenadine, jaune citron, orange, corail, qui fera en plus ressortir votre bronzage. Si, au contraire, votre éducation ou votre job au Conseil des ministres vous interdit tout écart de conduite, n'imaginez pas porter un soutien-gorge blanc et passer inaperçue ; blanc sur blanc, ça fait double blanc et on ne verra que ça ! D'une manière générale, si l'on veut faire oublier sa lingerie sous du blanc, qu'il s'agisse d'une chemise ou d'un tee-shirt, on privilégiera la couleur chair. Logique, finalement !

### Un nœud pap' pour le soir

Rien de plus chic qu'un joli nœud papillon en soie noir porté sur une chemise blanche. On le choisira toujours dans une matière habillée, la soie ou le velours, et de préférence sombre, marine, noir, pourpre. À porter avec un smoking et des talons très hauts pour ressembler à une fille – il ne s'agit pas de passer la soirée à expliquer que vous n'êtes pas le serveur. Vous pouvez le fabriquer vous-même avec un rectangle de soie très souple et assez fin, que vous trouverez chez votre marchand de tissus et que vous nouerez sous votre col en un gros nœud souple. Un simple ruban de satin très fin et assez long noué en un nœud lâche vous donnera une allure très Yves Saint Laurent-Rive Gauche pour pas un rond.

## Des clous et des accessoires de col

Sur les sites Urban Outfitters et Asos, vous trouverez tout un tas d'accessoires de cols de chemises, en strass ou à clous, pour customiser temporairement votre chemise blanche. Parfait pour le soir !

*BONUS !*

### Se marier en chemise blanche

Finie la meringue, dépassé le bustier fourreau en satin pour dire oui à l'élu de son cœur. La tendance est à la mariée originale, qui ne ressemble à aucune autre et qui n'a pas payé sa robe 60 000 dollars pour exactement dix heures de présence. Pourquoi ne pas vous marier en chemise blanche ? À condition qu'elle soit bien ajustée, pile à votre taille, dans une très belle popeline de coton – avec toujours ce petit pourcentage de matière élasthanne qui vous permettra de vous mouvoir sans difficulté et qui n'autorisera aucun débordement de votre jupe.

Vous pouvez donc opter pour une chemise body ou utiliser une gaine pour fixer la chemise à l'intérieur. Vous pouvez choisir une jupe évasée un peu années 1950, appelée « jupe midi ». Un tutu long en tulle de soie ou une jupe crayon en soie ivoire feront aussi l'affaire.

Coiffez-vous d'un joli chignon cranté années 1940, piquez une broche en cristal sur le revers de votre chemise ou portez un énorme collier en cristal et offrez-vous les plus belles chaussures du monde – vous pouvez vous le permettre, vous venez d'économiser 60 000 dollars grâce à votre chemise !

# DIY
## (DO IT YOURSELF)

◆ coutures et astuces ◆

◆ petites customisations en tout genre ◆

Vous allez voir comme c'est simple de transformer votre chemise blanche avec quelques accessoires. Un faux col, des bijoux ou des foulards, et vous voilà totalement transformée.

**Pour un look 60's !**
On prend exemple sur Audrey Hepburn dans *Vacances romaines*. On noue un tout petit foulard autour du cou et on laisse les boutons de sa chemise ouverts jusqu'à la naissance de la poitrine. Vous voilà au top de la féminité si vous accompagnez cela d'un joli petit chignon.

**Un air faussement sage.**
On ferme les boutons de son col de chemise jusqu'en haut, puis on ajoute des colliers avec de grosses mailles de différentes tailles.

**Un air très rue Cambon.**
On ouvre largement sa chemise et on ajoute un immense sautoir avec des perles de couleur ou des rubans noirs.

**Un air d'artiste contemporaine.**
On utilise un feutre noir pour vêtements et on dessine un trait fin le long du col. Original à souhait !

# TYE AND DYE

Ça y est, c'est fichu ! vous venez de faire baver vos bolognaises sur le bas de votre chemise blanche. C'est irrécupérable ! Respirez vos sels et calmez-vous, tout va bien. Grâce à ce « do it yourself : tye and dye », vous ne la jetterez pas à la poubelle.

## fournitures

- une chemise
- un cintre
- de la teinture pour textile Dylon (bleu marine)

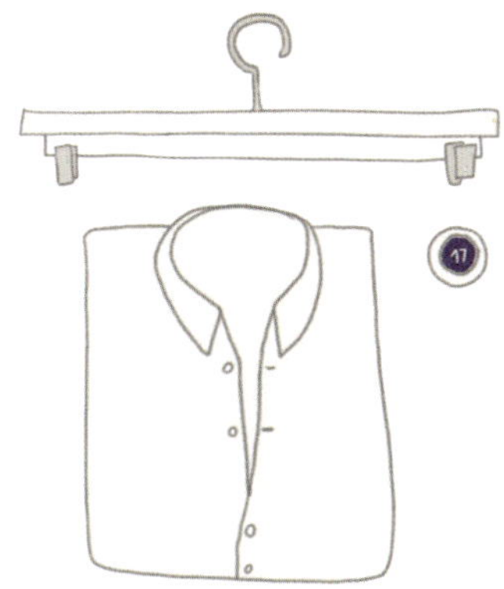

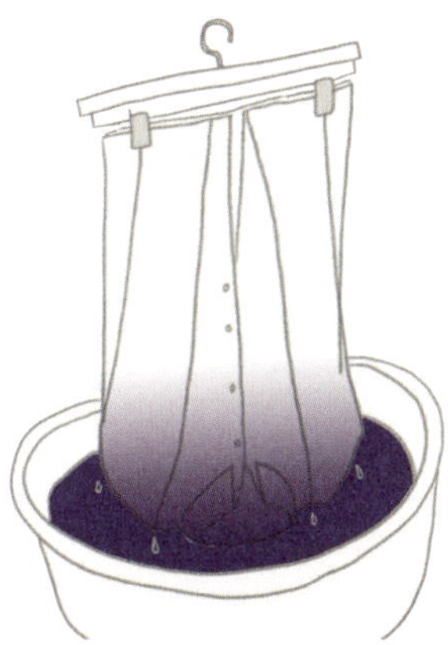

## étape 1

- Roulez le bas de votre chemise et utilisez le cintre pour tout faire tenir en place.
- Trempez dans la teinture.
- Versez un peu d'eau très chaude pour donner l'effet tye and die.

## étape 2

- Essorez la partie teinte avec des gants (attention à ne pas faire de taches au-delà de la limite que vous souhaitez).
- Rincez l'excédent de teinture jusqu'à obtenir une eau claire.

# Conseils et entretien

## COMMENT CONSERVER SON LINGE PLUS BLANC QUE BLANC

Il existe tout un tas de recettes de grands-mères pour conserver le blanc de son linge intact. En effet, rien de plus affreux qu'une chemise qui grisaille ou, encore pire, qui a jauni au niveau des aisselles… Avant de vous jeter sur votre berlingot de Javel qui va finir par abîmer le tissu, lisez et testez ces petits conseils économiques – et écologiques pour certains d'entre eux !

### CONSEILS ANTIGRISAILLE

• ***L'eau oxygénée***
L' eau oxygénée possède des vertus blanchissantes ; c'est d'ailleurs avec elle que l'on se décolore les poils disgracieux de la moustache ou des avant-bras par exemple ! Mais pour qu'elle soit efficace sur du linge, il faut utiliser de l'eau oxygénée à 30 volumes (ou 30 %), que l'on peut se procurer facilement en pharmacie.
Remplissez une bassine d'eau chaude entre 30 et 60 °C, versez l'équivalent d'un bouchon d'eau oxygénée et laissez tremper votre linge entre une heure au minimum et quatre heures au maximum. Rincez à l'eau claire et faites sécher (si possible) au soleil.

• ***Le perborate de sodium***
Moins connu que son cousin le bicarbonate du même nom, le perborate de sodium est un très bon agent blanchissant. On le trouve également en pharmacie.
Procédez de la même façon qu'avec l'eau oxygénée. Remplissez une bassine d'eau entre 30 et 60 °C et ajoutez-y 3 cuillères à soupe de perborate de sodium pour 1 litre d'eau. Rincez à l'eau claire et étendez (si possible) au soleil.

• ***Le bicarbonate de soude***
Vous le trouverez en pharmacie et il vous suffira de verser un demi-verre dans le bac réservé à l'assouplissant au moment de faire votre machine. Vous pouvez aussi ajouter le jus d'un demi-citron, dont les vertus blanchissantes sont déjà connues pour les ongles.

Vous pouvez aussi blanchir votre chemise en l'étendant à l'extérieur les soirs de pleine lune ou de gel… Un peu spécial, mais pourquoi pas, après tout ?

### CONSEILS ANTIJAUNITE

Pour le jaunissement, vous pouvez aussi utiliser du perborate de sodium, du bicarbonate, du citron, la pleine lune, etc. Mais il existe d'autres recettes plus spécifiques.

– Vous pouvez tremper votre chemise dans 1 litre d'eau dans lequel vous aurez dilué un bon verre de lait en poudre. Très utile sur les cols et les manches jaunies.

– Vous pouvez aussi placer dans votre machine à laver des coquilles d'œufs préalablement enfermées dans la poche en mousseline dont vous vous servez pour laver votre lingerie.

### POUR ENLEVER LES TRACES DE MAQUILLAGE

– Vous pouvez tamponner la tache puis la frotter légèrement avec des lingettes démaquillantes avant de mettre votre chemise à laver.

– Vous pouvez aussi frotter les taches avec du liquide vaisselle, une astuce utilisée par les maquilleuses professionnelles pour laver leurs instruments, éponges et pinceaux. Le maquillage, et particulièrement le fond de teint, contient beaucoup de corps gras contre lesquels le liquide vaisselle est très efficace.

Voilà, il ne vous reste plus qu'à jouer les apprenties sorcières et à définir la recette qui convient le mieux à votre chemise blanche !

*BONUS !*

## L'entretien de la soie

Avec le temps, la soie se bonifie – comme un bon vin – à condition d'être extrêmement gentille avec elle. Pour commencer, ne vaporisez jamais un parfum directement sur de la soie, sinon, c'est auréoles assurées. Lavez systématiquement la soie à la main et essorez-la à peine, le mieux étant de l'enrouler dans une serviette et d'essorer délicatement. Enfin, repassez toujours la soie sur l'envers en réglant la température du fer sur l'indication « soie », en toute logique finalement. Sinon, encore plus simple, mais plus onéreux, il y a le teinturier, la solution miracle pour les vêtements exigeants.

# Pour aller plus loin

## WEB - BOUTIQUES - LIVRES

• ***Equipment***
equipmentfr.com
Disparue au début des années 2000 après avoir connu un succès fulgurant, la chemise en soie avec poches de chez Equipment a fait un retour en force en 2010. Hyper-pratique, toute douce, aussi sublime avec une jupe crayon que sur un jean. À choisir de préférence en crème et, évidemment, avec les poches sur la poitrine. Pour trouver les chemises, rendez-vous sur l'e-shop de la marque.

• ***Polyvore***
polyvore.com
Comment accommoder sa chemise blanche ? Avec quel jean et quelles chaussures ? Direction Polyvore, un site collaboratif de passionnées de mode qui vous donnera un tas d'idées.

• ***Une chemise blanche sur mesure et originale***
fr.moodbyme.com
Sur le site MOOD by me, vous allez pouvoir donner un zest de couleur à votre chemise blanche, qu'elle soit en coton ou en soie. Une poche noire, un col gris, faites comme bon vous semble sur ce site où la personnalisation est reine. On peut même trouver des clous ou des strass noirs pour ajouter une touche inédite à son col.

• ***Anne Fontaine***
81, rue des Saints-Pères – 75006 Paris
01 45 48 89 10
Anne Fontaine s'est spécialisée dans les chemises blanches il y a de nombreuses années. Ce que l'on sait moins, c'est que l'on peut trouver depuis 2006 une collection de cols blancs de toutes sortes pour accessoiriser de façon originale la plus simple des tenues.

• ***APC***
112, rue Vieille-du-Temple –
75003 Paris
01 42 78 18 02
Si vous décidez de piquer la chemise blanche de votre homme, c'est une APC qu'il vous faut ! La matière et la coupe sont impeccables. À porter avec un jean de la même marque.

• ***Agnès B***
17, rue Dieu – 75010 Paris
01 40 03 45 00
Agnès B crée depuis toujours des chemises blanches et elle ne porte quasiment que ça. Des formes classiques, indémodables, pour hommes comme pour femmes.

METROPOLITAIN

# La petite robe noire

« Il faudrait toujours avoir une robe noire dans sa garde-robe »

est une phrase qui revient systématiquement dans la conversation des femmes qui se plaignent de ne jamais rien avoir à se mettre. Comme si le fait d'avoir une robe noire allait résoudre toutes les équations de la mode. Cette phrase, devenue banale, a souvent résonné dans nos têtes embrumées d'acheteuses compulsives, incapables d'investir dans la fameuse petite robe noire, mais plutôt dans des dizaines d'autres pièces bien moins indispensables.
Et pourtant, croyez-le ou pas, avoir une petite robe noire dans sa garde-robe garantit des dizaines de looks, du plus sophistiqué au plus cool. Il suffit de troquer, au gré des occasions, ballerines contre stilettos, veste de smoking contre perfecto, collants opaques contre bas résille.
La petite robe, c'est un peu la pierre angulaire d'une garde-robe bien pensée, chic et pratique. Et ce n'est pas pour rien qu'elle figure dans cet ouvrage ! Tout simplement parce qu'elle est indispensable.

# La petite histoire de la petite robe noire : du deuil à l'érotisme

## AU COMMENCEMENT ÉTAIENT LES LARMES

**Deux mortelles années !** Deux mortelles années vêtues de robes noires souvent très passe-partout, voilà ce que devaient endurer les femmes en deuil au XIXe siècle. En plus d'affronter dans le miroir leur regard de chien battu allant de pair avec leur état, on leur ôtait le droit à la fantaisie en les forçant à oublier les fanfreluches et le jaune canari ! Bref, le noir était synonyme d'ennui mortel.
Pendant la Première Guerre mondiale, les femmes perdent leurs maris, leurs frères, et dans les années qui suivent c'est donc une armée d'êtres en noir qui arpentent les rues dans des robes peu pratiques et dont les ourlets traînent dans la poussière. Peu de temps après, lasses de supporter des tenues inadéquates eu égard à leur nouvelle vie plus active qu'auparavant, les femmes n'aspirent qu'à ôter leur corset.

## SIGNÉ CHANEL

**Arrive l'année 1926** et, dans son sillon, une certaine Gabrielle, qui a probablement décidé que dans les dix siècles à venir, son nom serait synonyme de génie et provoquerait des crises d'hystérie chez la population féminine à chaque nouvelle création sortant de l'un de ses magasins ! Chanel décide l'impossible : raccourcir les ourlets et rendre ses lettres de noblesse au noir.
Pour joindre le geste à la parole, c'est avec une pointe de perfidie qu'elle prononce ces mots à propos de ses clientes bourgeoises : « Décidément, elles sont trop mal habillées ! Je vais toutes les mettre en noir pour leur apprendre le goût ! »

**Coup marketing génial !** Chanel répond donc au désir de liberté de la gent féminine et dessine une robe noire aux manches longues, simple et coupée au ras du genou, dont *Vogue* publie le croquis. Scandale ! La première petite robe noire, symbole de modernité et d'élégance, vient d'être inventée, et les critiques puritaines se déchaînent.

Pensez donc, le noir, habituellement réservé aux veuves, aux domestiques et aux femmes de petite vertu, ne saurait se retrouver dans les rues des plus grandes capitales porté quotidiennement par madame tout le monde ! Pour ajouter au scandale, la forme courte de la robe pensée par Coco Chanel permet aux femmes de courir, de travailler et de danser comme des folles, beaucoup plus librement. On en brûlerait pour moins que ça. Heureusement, la bible du bon goût, le *Vogue* américain, donne son avis et voit dans cette création le symbole de la simplicité et « l'uniforme de la femme moderne », la surnommant même « la Ford de Chanel ». Le tour est joué, le succès de la petite robe noire est en route !

*LE SAVIEZ-VOUS ?*

### 50 nuances de noir

« Il n'existe pas un noir, mais des noirs », disait Yves Saint Laurent, qui, l'année de ses 19 ans, remporta le premier prix du concours du Secrétariat international de la laine avec... une petite robe noire.

## LA CHARGE ÉROTIQUE DE LA PETITE ROBE NOIRE

**Dans les Années folles**, on la retrouve perlée ou frangée, associée à une coupe à la garçonne, virevoltante dans les boîtes de jazz, puis plus simple et pratique pendant la Seconde Guerre mondiale.
**Pendant les années 1960**, les stars de cinéma portent souvent des robes noires et, notamment dans les films de la Nouvelle Vague, les actrices utilisent le noir comme arme absolue de séduction (*cf.* les « Égéries et scandales »).
**Depuis,** la petite robe a été magnifiée par des créateurs comme Azzedine Alaïa, Nicolas Ghesquière ou Riccardo Tisci, pour ne citer qu'eux.

## DES PODIUMS AU PARFUM

**En 2011,** la maison Guerlain sort un nouveau parfum baptisé « La Petite Robe Noire ». Pour incarner la marque, aucune égérie payée à coup de millions de dollars, mais une silhouette en petite robe noire semblant sortir de l'univers de Gruault. La LBD (*little black dress*) est une star à elle toute seule !

*SCANDALE !*

### Cachez cette bretelle que je ne saurais voir !

En 1884 à Paris, le peintre John Singer Sargent déclenche un véritable scandale en exposant le portrait de la belle Madame Gautreau vêtue d'une robe noire retenue par deux bretelles incrustées de pierres précieuses. Tout irait bien si l'une des deux bretelles ne tombait pas négligemment de son épaule, donnant ainsi à l'œuvre un caractère très sensuel. Pour apaiser les consciences, le peintre remet en place la bretelle, mais le mal est fait, et les commandes de l'artiste se tarissent...

# Égéries et scandales

D'Anita Ekberg dans la *Dolce Vita* à Jeanne Moreau dans *Les Liaisons dangereuses*, difficile d'être exhaustif tant les actrices garantes d'une certaine élégance n'ont eu de cesse de porter la petite robe noire.

*À PLACER DANS UN DÎNER !*

**Deux robes, deux scandales**

C'est le même costumier, Jean-Louis Berthault, qui a fait l'essentiel de sa carrière à Hollywood, qui a créé la robe fourreau en satin noir de Rita Hayworth dans *Gilda* et la robe couleur chair que Marilyn Monroe portait le 19 mai 1962 lors de l'anniversaire de John Fitzgerald Kennedy. Autrement dit, les deux robes qui magnifièrent les deux femmes les plus sexy des années 1960.

## 1930 L'ultra-sexy Betty Boop

Au début des années 1930, carrossée comme une pin-up, la jolie Betty Boop commence sa carrière avec une petite robe noire très « ras des fesses » ! Le dessin animé sera vite censuré à cause de cette tenue ultra-courte. On rallonge la robe de la miss et, avec l'arrivée du Technicolor, la robe noire devient rouge.

## 1935 La première petite robe de la Môme

Lorsqu'elle doit monter pour la première fois sur scène, la Môme Piaf décide d'y aller entièrement vêtue de noir : une jupe et un petit pull. Le pull, qu'elle tricote elle-même, n'est pas prêt pour le spectacle, il manque même une manche ! Au dernier moment, la femme de Maurice Chevalier enroule un foulard autour des bras d'Édith Piaf. La chanteuse a trouvé son style afin que son corps s'efface et ne laisse plus qu'un seul choix aux spectateurs : l'écouter chanter.

## 1950 L'épure de Juliette Gréco

C'est le propriétaire du cabaret *La Rose rouge* qui choisit la robe de scène de Juliette Gréco chez Balmain. La robe est très – trop – couture avec sa traîne de satin doré. La jeune chanteuse met un coup de ciseaux dans la traîne et adopte cette tenue épurée qui deviendra sa marque de fabrique, tout comme son carré, son teint diaphane et son trait d'eye-liner !

## 1961 *Jackie à Paris*

Lors d'une visite du couple présidentiel à Paris, Jackie Kennedy porte une petite robe noire ras du cou et sans manches. Le mythe de la robe trois trous est né. Charles de Gaulle est sous le charme, et John Kennedy aura cette phrase restée célèbre : « Je suis l'homme qui accompagne Jackie. »

## 1961 *Lafter d'Hepburn*

Dans la première scène d'anthologie de *Breakfast at Tiffany's*, Audrey Hepburn porte une robe du couturier français Hubert de Givenchy, qu'elle a imposé à la production. Le réalisateur Blake Edwards souhaitait que son personnage porte des robes noires à une époque où les jeunes femmes se paraient de robes pastel. La sophistication et le sex-appeal de la comédienne touchent à leur paroxysme dans l'interprétation de ce personnage de femme libre qui assume sa vie sexuelle.

## 1967 *Deneuve, la fausse ingénue*

Dans *Belle de jour* de Buñuel, en voyant Deneuve dans sa petite robe noire aux col et poignets blancs, Michel Piccoli lui dit : « Cette robe vous donne l'air d'une étudiante précoce. » La robe est signée Saint Laurent, comme tous les costumes du film, et elle n'est pas sans rappeler la robe portée par Jeanne Moreau dans *Le Journal d'une femme de chambre*, du même réalisateur.

## 1972 Le dos de Mireille Darc

Mesdemoiselles, mesdames, si votre conjoint a un peu plus de 40 ans, il a forcément dû avoir ses premiers émois en regardant *Le Grand Blond avec une chaussure noire*. La belle Mireille Darc porte une robe noire dont la banalité du recto est inversement proportionnelle à la sensualité du verso. Le dos-nu descend jusqu'à la naissance des fesses et a été créé par Guy Laroche. De quoi émoustiller toute une génération !

## 1981 Le décolleté de Lady Di

Pour sa première apparition publique après ses fiançailles avec le prince Charles, Lady Di porte une superbe robe longue et noire avec un décolleté qui a fait verser beaucoup d'encre. Les photos de cet événement ont fait le tour du monde, la propulsant comme la personne la plus glamour de la famille royale.

## 1994 La revanche de Lady Di

C'est une nouvelle fois sublime en robe noire drapée et hyper-sexy que Lady Di porte une petite robe noire pour se rendre à un dîner de *Vanity Fair*. Les journaux l'appelleront « *revenge dress* », car la princesse la porte le jour où le prince Charles avoue publiquement ses infidélités.

# Les modèles

Des petites robes noires, vous en trouverez quasiment dans toutes les marques. À chaque saison. Chaque année. Reste à définir quels sont vos besoins. Si vous n'en avez pas encore, il ne s'agit pas de vous jeter sur la première venue. L'idée, c'est plutôt de trouver celle que vous porterez en toute occasion. En baskets ou en talons de 12 cm, du lever au coucher.
Oublions volontairement les drapages compliqués, les asymétriques, les courtes devant/longues derrière, les vraiment trop originales, pour nous concentrer sur l'essentiel : quatre modèles intemporels. La robe trois trous, la trapèze et son dérivé plus actuel dit « de patineuse », la portefeuille et la col rond avec manches dite « classique ».

## LA PETITE ROBE NOIRE SANS MANCHES, APPELÉE AUSSI « ROBE TROIS TROUS »

La robe trois trous est un peu la quintessence de la petite robe noire. Pourquoi trois trous ? Parce qu'il y a deux trous pour les bras et un pour la tête ! Trois au total, c'est frappé au coin du bon sens. Sobre, intemporelle, facile à accessoiriser. Col rond et sans manches. Elle peut être mini (c'est-à-dire mi-cuisse), comme midi (mi-mollet), à vous de décider ce que vous souhaitez dévoiler de vos jambes. Mais la coupe la plus classique, donc la plus intemporelle, c'est celle qui s'arrête au-dessus du genou.

→ ***Meilleure ambassadrice :*** Jackie Kennedy.

→ ***Le créateur iconique :*** Roland Mouret.

LA ROBE NOIRE CLASSIQUE

## LA ROBE COL ROND MANCHES LONGUES, DITE « CLASSIQUE »

Ne vous fiez pas au mot « classique », cette robe-là est bien plus sexy que la trois trous.
La robe classique reste une valeur sûre été comme hiver. Le col peut être plus ou moins décolleté, les manches peuvent être courtes, trois quarts ou longues, selon la saison.
Idéalement, il faut qu'elle contienne un petit peu d'élasthanne, car elle est vraiment plus jolie et flatteuse lorsqu'elle épouse les formes et qu'elle est bien moulante, à l'inverse de la trois trous, qui ressemble plus à un tube. Chez les Anglo-Saxons, on appelle ces robes « *bodycon* » – comprenez littéralement « moule-fesses ».
Si elle peut faire peur aux plus rondes, grâce à une ou deux astuces de professionnels (une gaine, par exemple), vous verrez qu'elle peut se révéler extrêmement flatteuse, que l'on soit ronde ou moins ronde.

→ ***Meilleure ambassadrice :*** Kim Kardashian.

→ ***Le créateur iconique :*** Hervé Léger.

## LA ROBE TRAPÈZE ET/OU LA ROBE DE PATINEUSE

La robe trapèze est ajustée au niveau du buste et s'évase petit à petit jusqu'à mi-cuisse, exactement comme un trapèze. Le modèle « patineuse » répond aux mêmes critères : ajusté en haut et large en bas, à la différence que la taille est resserrée. Aucune recommandation particulière de matière ; la robe trapèze peut être en jersey, en soie, en popeline, en coton et même en laine. On peut lui reconnaître un côté juvénile, que l'on peut rectifier grâce aux accessoires.

→ ***Meilleure ambassadrice :*** Alexa Chung.

→ ***Le créateur iconique :*** Azzedine Alaïa.

## LA ROBE PORTEFEUILLE

La robe portefeuille fonctionne exactement comme un cache-cœur. Ses deux pans se ferment l'un sur l'autre et se nouent sur le côté, devant ou derrière la taille. On doit son succès à la créatrice belgo-américaine Diane de Furstenberg qui, en 1974, commercialisa la « *wrap dress* » facile à porter et quasiment infroissable, puisque le principe est de l'enrouler sur elle-même. Le succès est immédiat. En 1975, il s'en vendait 15 000 par semaine ! Et voilà presque quarante ans que la robe portefeuille se balade à travers les générations. Vous en trouverez à chaque saison, dans de nombreuses marques.

→ ***Meilleure ambassadrice :*** Michelle Obama.

→ ***Le créateur iconique :*** Diane de Furstenberg bien sûr !

*BONUS !*

### Pourquoi le noir affine ?

Le noir est une non-couleur qui absorbe la lumière et en renvoie très peu. Pour un observateur, les contours d'un vêtement noir sont plus difficiles à distinguer que ceux d'un vêtement clair et, par un effet d'optique, le même vêtement noir semble systématiquement plus petit qu'un vêtement blanc. Le cerveau en déduit donc que la silhouette est plus petite, donc plus menue !

# CONSEILS MORPHO

## *Quelle est la coupe la plus adaptée à votre morphologie ?*

Maintenant que l'état des lieux est déblayé, mettons la main sur la petite robe noire parfaitement adaptée à votre morphologie. Partant du principe que, sans aucune objection possible, le noir affine la silhouette, la petite robe noire est a priori accessible à toutes les morphologies. Il existe un conseil universel lorsque l'on porte une robe, c'est de miser sur des talons, plus ou moins hauts selon ce que l'on peut supporter. Le talon va tendre les muscles du mollet, donc les galber, ce qui est toujours plus joli. Ce conseil vaut pour celles qui veulent élancer leur silhouette, les autres pouvant rester à plat évidemment.

### La robe trois trous

#### INDICATIONS

***Les silhouettes qui ont un peu de ventre ou un peu de hanches, ou les deux à la fois.*** La robe trois trous a une forme tube qui rend « droite » n'importe quelle morphologie. Et puis, sous une robe trois trous, qui plus est noire, on peut très facilement porter une gaine ou un collant ventre plat sans se faire griller !

#### CONTRE-INDICATIONS

• ***Des bras un peu épais,*** car la robe n'a pas de manches et ne pardonne donc rien question bras ! Impossible de tricher, à part avec un gilet, mais dans ce cas, il n'y a plus d'intérêt à porter une robe sans manches.

• ***Une forte poitrine*** qui tendrait trop le tissu et pourrait créer un flottement au-dessus du ventre. L'idée, c'est que la robe trois trous longe le corps en épousant à peine ses formes.

• ***Un bassin large,*** qui, exactement comme une grosse poitrine, tendrait trop le tissu au niveau du bassin et créerait à l'inverse du flottement au niveau de la poitrine.

## La robe classique

### INDICATIONS

D'une manière générale, la robe classique convient parfaitement aux silhouettes girondes, même si elle est moulante.

• ***En cas de bras un peu forts,*** choisissez un modèle manches trois quarts, qui ne laissera apparaître que la naissance des avant-bras et des poignets, qui sont toujours plus fins.

• ***Les poitrines généreuses*** opteront pour un joli décolleté rond, histoire d'attirer l'attention sur ce qu'il y a de plus joli et de la détourner de ce qui l'est moins.

• ***Pour les hanches généreuses,*** une seule astuce : porter une gaine ou un collant amincissant. Ainsi, poignées d'amour, petits bourrelets et culotte de cheval seront gainés, et votre silhouette sera certes gironde, mais pas gondolée. Croyez-nous, toutes les stars américaines usent et abusent des gaines, *panty* et autres collants qui trichent !

### CONTRE-INDICATIONS

***Les tailles très peu marquées,*** une robe moulante classique ayant besoin d'un minimum de formes pour lui donner du relief. Quitte à avoir une silhouette droite, autant choisir la robe trois trous.

POUR UNE POITRINE GÉNÉREUSE

## La robe trapèze/la robe de patineuse

**INDICATIONS**

• ***Pour les hanches fortes et les bustes plus menus.*** Comme le haut est ajusté et le bas évasé, cette coupe de robe est parfaite dans ces deux cas.
À choisir avec des manches si vous avez des bras un peu forts.

• ***Avec une taille peu marquée.***
Le contraste haut moulant et bas évasé va insister sur votre taille, même si vous n'en avez pas beaucoup.

**CONTRE-INDICATIONS**

***Des jambes un peu épaisses,*** car avec une petite robe qui tourne comme ça, on préfère une silhouette un peu plus délicate.

## La robe portefeuille

### INDICATIONS

• ***Les poitrines généreuses*** sont mises en valeur par le décolleté croisé.

• ***De bonnes hanches avec une taille marquée*** sont mises en valeur par les liens autour de la taille.

### CONTRE-INDICATIONS

Honnêtement, il n'y en a presque pas, mis à part peut-être une poitrine vraiment inexistante qui serait aplatie par les deux pans de tissu… Et encore il suffira de tricher avec un beau soutien-gorge push-up !

DÉCOLLETÉ CROISÉ

# Les accessoires de la petite robe noire

## LA SOBRIÉTÉ NE SUPPORTE PAS LE MAUVAIS GOÛT

On ne sort pas en petite robe noire sans avoir fait un minimum d'efforts pour accessoiriser sa tenue, sinon on devient pâle et sans saveur telle une veuve éplorée !

### Maquillage : tout sauf du nude !

Imaginez une belle petite robe noire sans un soupçon de maquillage… Elle en perdrait presque son statut inégalé de pièce glamour par excellence. Pour l'accompagner et rehausser toute la simplicité de la tenue, rien de tel qu'un rouge à lèvres très rouge et des cils immensément longs grâce à un bon coup de mascara. Et pourquoi ne pas tenter le trait de liner, façon œil de biche ? Côté ongles, on peut se permettre le rouge noir incontournable de Chanel ou opter pour un rouge sang. Pour un peu plus de fantaisie, vous pouvez oser la french manucure totalement noire (*cf.* les explications ci-contre).

## Black french manucure

Oubliez tous vos a priori sur la french manucure, nous allons vous prouver qu'elle peut être d'un chic absolu, à condition de bien choisir ses couleurs.

***Fournitures***
- un vernis noir
- un top-coat matifiant
- une base transparente
- des patchs pour french

### → *Étape 1*

- Après avoir appliqué votre base transparente, appliquez deux couches de vernis noir en laissant
bien sécher entre les deux. Pressées, s'abstenir !

### → *Étape 2*

- Collez vos patchs sur le bout de vos ongles, ils doivent recouvrir toute la partie « blanche » de l'ongle.

### → *Étape 3*

- Appliquez une couche de top-coat matifiant.
- Attendez que tout soit bien sec et décollez les patchs.
  La base de votre ongle est maintenant mate et le bout brillant !

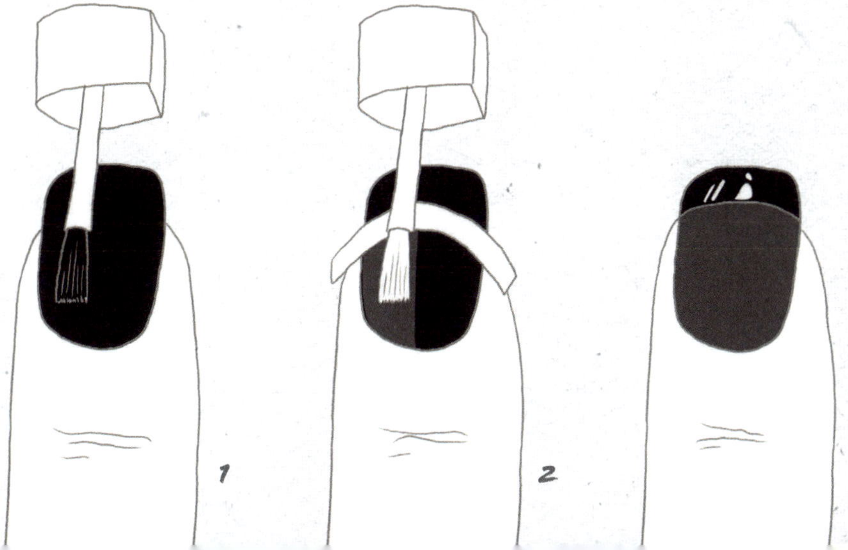

## À chaque robe, sa coiffure

### LA ROBE TROIS TROUS : LE PETIT CHIGNON BANANE

Crêpez légèrement l'ensemble de la chevelure au peigne fin. Appliquez un voile de laque. Brossez délicatement les cheveux en arrière et tournez-les sur eux-mêmes, plaquez le tournicotis obtenu le long de l'arrière de votre tête et glissez des épingles pour le faire tenir. Dégagez quelques fines mèches le long du visage.

### LA ROBE CLASSIQUE : LA TRESSE SUR LE CÔTÉ

Tracez une raie sur le côté et tressez vos cheveux du côté souhaité en serrant bien. Attachez la tresse avec un joli ruban de velours noir. À l'aide de la queue d'un peigne, dégagez quelques petits cheveux de la tresse pour un effet volontairement décoiffé. Laquez l'ensemble de la chevelure.

### LA ROBE TRAPÈZE ET DE PATINEUSE : LA QUEUE-DE-CHEVAL HAUTE

Brossez vos cheveux vers l'arrière. Attachez-les le plus haut possible. Sélectionnez une mèche suffisamment épaisse pour recouvrir l'élastique. Enroulez-la autour de l'élastique. Fixez avec une petite barrette.

### LA ROBE PORTEFEUILLE : LE BRUSHING « DRÔLE DE DAMES »

Brushez vos cheveux en enroulant la brosse sur elle-même au niveau des pointes pour créer des anglaises. Brushez systématiquement vers l'extérieur les mèches qui encadrent le visage. Attendez que les cheveux refroidissent et défaites entre vos doigts chacune des anglaises, qui vont se transformer en belles ondulations. Frictionnez les racines avec la pulpe des doigts pour les faire légèrement gonfler. Appliquez un voile de laque pour fixer le tout.

# Une plastique de rêve réalisée avec trucages !

Dans l'état des lieux, nous avons vu qu'une robe trois trous prend toute sa valeur avec de jolis bras et qu'une petite robe noire n'est par essence pas très longue, il est donc également préférable d'avoir de jolis mollets. Alors, à moins que Dame Nature ne vous ait dotée de tous ces attributs dès la naissance, il va falloir faire un peu de gym pour arriver au top, ou bien user de subterfuges.

## JAMAIS SANS MA GAINE

Non, non, non et non ! vous ne porterez jamais de gaine ! Pas assez sexy, la gaine est pour vous synonyme de grand-mère, de catalogue de La Redoute des années 1970, de matière qui pique et de couleur chair.
Mesdames, changez d'avis sur-le-champ ! Grâce à l'avènement de la mode des pin-up des années 1950 (merci Dita von Teese !), la gaine est devenue un incontournable de la lingerie féminine glamour. Il suffit de jeter un œil à toutes les collections des corsetiers, toutes les marques proposent des culottes hautes ventre plat taillées dans des matières rivalisant de technologie afin d'effacer tous les petits défauts qui nous empêchent de nous mouler dans les robes de nos rêves. Alors on file en essayer !

Surtout, on vérifie bien que la chair que la gaine aplatit d'un côté ne déborde pas de l'autre. D'où l'importance de choisir une gaine tanga (ni tout à fait string, ni tout à fait culotte), qui ne va pas vous scier le fessier en deux. On peut parier qu'une fois que vous y aurez goûté, vous ne pourrez plus vous en passer ! Qui renoncerait à un ventre plat et des hanches bien galbées, hein ? Personne !

La marque Spanx propose une gaine Super Higher Power ventre et hanches que vous pouvez commander sur le site asos.fr. Les marques, Triumph, Hanro, Lou et Aubade proposent quant à elles des culottes gainantes taille haute vraiment très féminines avec application de dentelle ou détails rétro, à se procurer sur Internet (www.beautesecrete.com).

## 10 JOURS POUR DE BEAUX BRAS

Une jolie petite robe noire sans manches mérite des bras de danseuse. Hélas, on est souvent loin du compte. Pas de panique, voici deux exercices à répéter chaque matin, qu'il pleuve, qu'il vente, qu'il neige ou que vous soyez très en retard.

### Se muscler les triceps

Pour que l'arrière de vos bras ne ressemble pas à un amas de chair molle, prenez deux petits haltères. Levez vos deux bras au-dessus de la tête puis pliez les coudes pour descendre les haltères jusqu'aux omoplates. Gardez les genoux légèrement pliés et serrez le ventre, ce sera toujours ça en plus ! Faites 3 séries de 15.

### Les tirages menton (pour les biceps)

Départ debout, un haltère entre les mains devant vous au niveau de la taille. Inspirez sans bouger, puis expirez en remontant l'haltère sous le menton en écartant vos coudes vers l'extérieur. Gardez-les le plus haut possible. Le mouvement s'apparente à celui que l'on pourrait faire pour gonfler quelque chose. Cet exercice est très efficace pour travailler les biceps, un peu les épaules, mais aussi la posture. Faites 3 séries de 15.

## 3 SEMAINES POUR DE BEAUX MOLLETS

À effectuer dès que vous êtes debout, c'est-à-dire au moins cinq heures par jour !

1. Levez-vous sur la pointe des pieds et retenez la descente sans que le talon touche le sol.
2. Refaites-le inlassablement jusqu'à ce que la brûlure soit insoutenable !

Il faut ce qu'il faut ! Cet exercice a aussi la particularité de relancer la circulation sanguine, donc d'affiner l'ensemble des jambes. Alors en attendant le métro, le bus ou que la photocopieuse crache les cent copies qu'on lui a commandées, on monte et on descend !

# Une petite robe noire en toute occasion

## UPGRADEZ VOTRE PETITE ROBE NOIRE

*« Vous pouvez porter du noir à toute heure, à tout âge, en toute occasion. Une petite robe noire est un élément essentiel de la garde-robe d'une femme. Je pourrais écrire un livre sur le noir »*, Christian Dior, 1954.
Pas mieux… et en voici la démonstration !

### Une petite robe noire au travail

On pourrait craindre d'une robe noire qu'elle nous donne soit un air trop austère, soit au contraire une allure beaucoup trop sexy. Et, dans un cas comme dans l'autre, le monde du travail étant particulièrement cruel, il ne vaudrait mieux pas !

→ ***La petite robe noire idéale ?***
La robe noire classique. Comment la porter sans ressembler à Édith Piaf qui, certes, avait du talent, mais ne respirait pas forcément la joie de vivre ? En la jouant preppy, comprenez chic et juvénile comme les jeunes étudiantes américaines des années 1960 bien sous tout rapport.

→ ***On l'accompagne avec…***
… une jolie chemise blanche que l'on glisse sous sa robe – le mieux serait un col claudine, le col rond des petites filles, exactement comme Alexa Chung. Collants opaques noirs et jolies ballerines, ou petits talons à bouts ronds si on préfère élancer sa silhouette. On noue ses cheveux en un chignon un peu haut. On se couvre d'un joli duffle-coat et on s'offre un petit cartable en cuir cognac. La première de la classe, c'est vous. Adoptez l'attitude qui va avec et vous aurez peut-être une augmentation dans la foulée !

## Une petite robe noire témoin de mariée

Peut-on porter une robe noire à un mariage, surtout quand on est le témoin ? En général, le noir est associé au deuil, mais pour nous, le noir est synonyme de silhouette mise en valeur ! Alors on ne va pas sacrifier notre silhouette sur l'autel de vieilles croyances désuètes !

### → *La petite robe noire idéale ?*

La robe trois trous est idéale pour signer le registre de mariage de votre meilleure amie. Intemporelle, élégante, féminine, chic. Dans vingt ans vous n'aurez pas honte en regardant, attendrie, les photos de ce fameux mariage.

### → *On l'accompagne avec…*

… une paire de stilettos assez hauts. On pense à Audrey Hepburn et, si on n'a pas les moyens pour un ras-de-cou rivière de diamants, on se rabat sur l'un des nombreux modèles en cristal de chez Zara. Bluff garanti !

En revanche, on laisse tomber les hauts gants en velours tombés dans la ringardise il y a plus de quinze ans déjà…On se fait une jolie banane piquée d'un bijou de cheveux. On maquille ses yeux d'un trait d'eye-liner noir très 50's. Et on trouve peut-être son futur mari dans l'assemblée !

COLLIER EN CRISTAL
ZARA

## Une petite robe noire pour le premier rendez-vous

Quelle prise de tête, le premier rencard… Trop en faire ? Ne pas trop en faire ? Quel est le message que l'on veut faire passer ? Partons du principe que c'est le message d'une fille bien sous tous rapports qu'on veut faire passer, mais qui peut s'avérer très hot si elle veut. Il faut savoir souffler le chaud et le froid. Bref, une vraie prise de tête !

### → *La petite robe noire idéale ?*

La petite robe noire portefeuille. Sexy mais pas trop, classique mais décolletée. Elle enverra des ondes positives à votre interlocuteur, qui n'aura plus tard qu'à dénouer le lien en cas de dérapage contrôlé, et consenti bien sûr !

### → *On l'accompagne avec…*

… aux pieds, des talons en veau velours noir ou pourpre, jambes nues, c'est plus sexy… Faut pas être frileuse, OK ! Autour du cou, une jolie chaîne en or toute simple. Les cheveux lâchés au vent et brushés le plus glamour possible. Des ongles laqués rouges. On se couvre d'un trench-coat noir bien serré à la taille, on attrape un petit sac genre Chanel. Et à vous de transformer l'essai ! Enfin, si vous le souhaitez, bien entendu…

PETIT SAC CHANEL

# DIY
## (DO IT YOURSELF)

### ◆ coutures et astuces ◆

### ◆ petites customisations en tout genre ◆

**Une robe vintage sur mesure**
Vous rêvez d'une robe vintage aussi jolie que dans un film de Capra ? Sur le site www.rascol.com/patron-couture/voguevintage, on trouve des patrons vintage du magazine « Vogue ». Pour 19,50 €, on peut s'offrir une robe sur mesure et avec un cachet dingue !

**Ma petite robe est trouée**
Vous adorez votre petite robe noire, mais, à force de la porter, elle ne ressemble plus à grand-chose ? Sur le site wwww.jeveuxlemême.fr, on reproduit votre vêtement à l'identique. Il faut quand même compter 120 euros pour une robe...

**Black Swan**
Depuis que Natalie Portman a joué une danseuse étoile, on rêve toutes de reprendre les cours de danse classique. Alors, même s'il est un peu tard, on peut toujours enfiler un body noir et fabriquer un joli tutu en tulle que l'on choisira de couleur noire. Aux pieds des ballerines, des chaussures 40's à plates-formes, voire une paire de Converse hautes, tellement rock !

**Vive les ajouts !**
Plumes sur l'épaule, broche, ceinture en gros grain sous la poitrine, toutes les astuces sont bonnes pour donner à votre petite robe un air de nouveauté sans vous fouler ! Pour trouver de formidables idées, direction les merceries ou des sites comme mapetitemercerie.com.

# DIY

## LE COL CLAUDINE

Le col claudine a ses adeptes et vous permettra d'avoir un look de petite fille sage, mais pas trop !

### fournitures

- 2 pans de tissu, de préférence en popeline blanche, d'au moins 50 cm de largeur
- un petit crochet
- une paire de ciseaux
- du fil et une aiguille

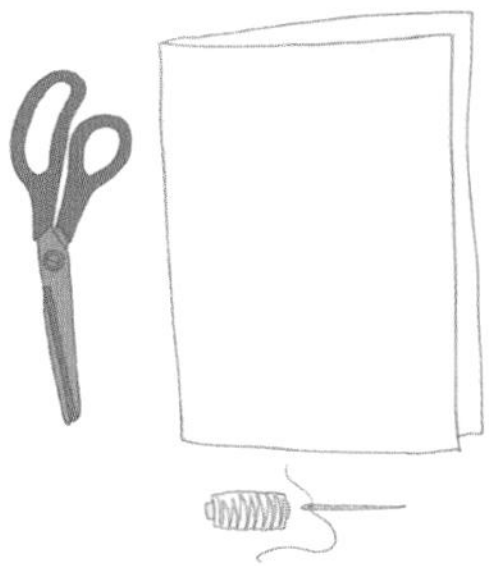

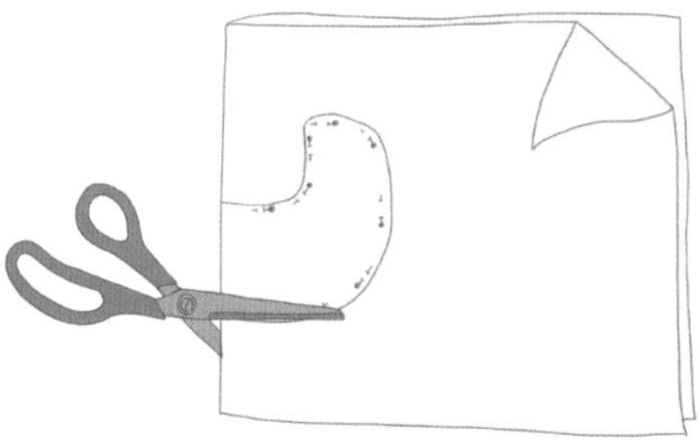

### étape 1

- Découpez un patron en fonction de la largeur de votre demi-cou et fixez-le sur une double épaisseur de popeline grâce à des épingles.

**N.B. : vous pouvez télécharger un patron de col claudine sur www.petitcitron.com.**

### étape 2

- Fixez les deux parties avec un point de couture.

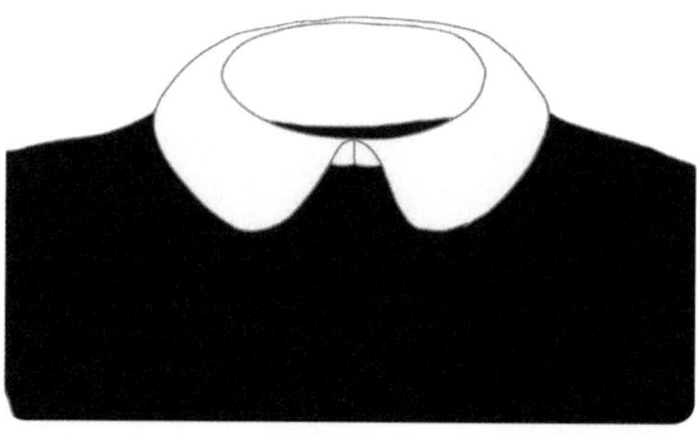

# LA PETITE ROBE NOIRE BUSTIER

Si vous possédez une robe noire bustier et que vous ne la portez jamais, voici une petite idée de customisation hyper-facile à réaliser et qui devrait vous plaire. C'est marrant, on est sûres que vous n'allez pas tarder à la remettre...

## fournitures

- un tee-shirt en jersey gris chiné col rond et avec des manches
- une robe bustier noire
- une paire de ciseaux

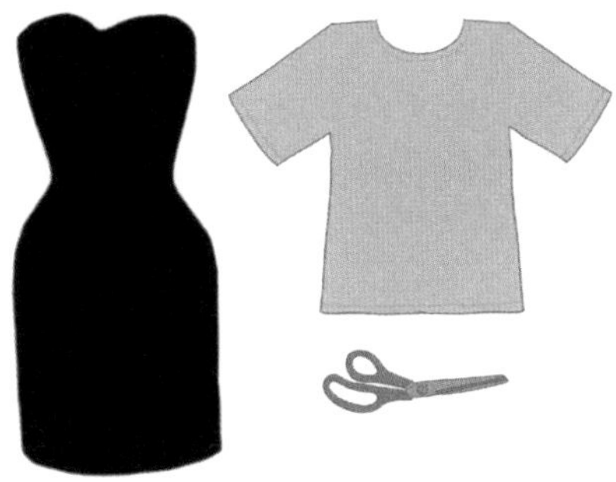

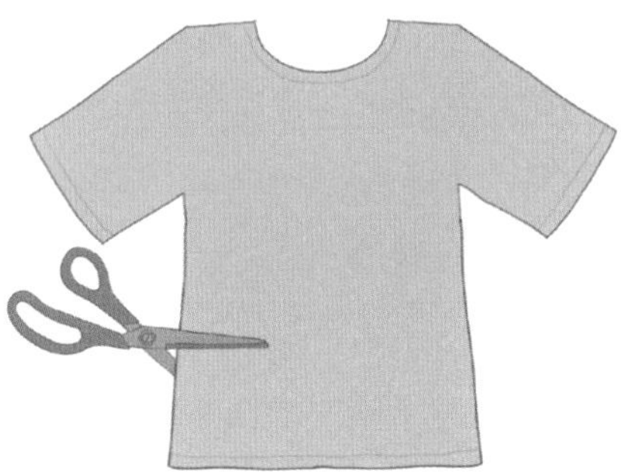

## étape 1

- Découpez-le tee-shirt bien droit au niveau de la taille.

## étape 2

- Cousez-le ensuite à l'intérieur de votre bustier, vous obtenez une super-robe tee-shirt à découpe bustier bien plus facile à porter !

# Conseils et entretien

## LA MALÉDICTION DE LA PETITE ROBE NOIRE...

### IL Y A DE L'ÉLECTRICITÉ DANS L'AIR !

Douchée, maquillée, parfumée, il ne vous reste plus qu'à enfiler votre petite robe avant de filer. Et là, catastrophe : pire qu'une grosse tache, qu'un ourlet qui se fait la belle, votre robe colle partout ! Sur les jambes, les fesses, le ventre. Keep cool, relax, pas de crise de larmes : on a des solutions.

– La prochaine fois, ne mettez pas votre robe en synthétique au sèche-linge.

– Au prochain lavage, prenez la précaution d'ajouter dans la machine à laver 60 ml de bicarbonate de soude, puis 60 ml de vinaigre blanc au cycle de rinçage.

– Frottez votre robe avec du métal, par exemple un cintre, ou repassez-la presque à froid, la semelle du fer devrait absorber toute cette saleté d'électricité statique.

– Et enfin, dernière astuce : vaporisez votre tenue de laque pour cheveux… si cette odeur ne vous donne pas tout de suite la sensation d'avoir 75 ans !

Si avec toutes ces astuces, ça colle encore : changez de robe et choisissez-en une en fibres naturelles !

### CONSEILS D'ENTRETIEN ET ASTUCES DE GRANDS-MÈRES

Le noir se lave avec du noir, c'est une règle d'or ! Ainsi, s'il déteint, eh bien il déteindra sur du noir…
La température de l'eau ne doit jamais excéder 40 °C, car l'eau chaude, de plus en plus calcaire, a tendance à faire blanchir le linge. Idéalement, il faudrait éviter les lessives du commerce qui possèdent toutes des agents blanchissants. Vous pouvez investir dans une lessive spéciale linge noir, mais le mieux reste encore de laver sa petite robe noire à la main, avec du savon en paillettes que l'on aura fait fondre dans de l'eau chaude au préalable.

Frottez délicatement toute trace de maquillage ou de déodorant avec du savon de Marseille avant de mettre votre petite robe à tremper, et ne l'étendez pas en plein soleil, mais à l'ombre.

Sinon, il existe une recette de grand-mère qui consiste à tremper sa petite robe en laine noire dans l'eau de cuisson des épinards… Encore faut-il que votre robe soit en laine et, surtout, encore faut-il que vous mangiez des épinards !

# Pour aller plus loin

## WEB - BOUTIQUES - LIVRES

### LA PETITE ROBE NOIRE SUR LA TOILE

***La même robe pendant 365 jours !***

Vous avez bien lu toutes nos rubriques et, pourtant, vous ne savez toujours pas si vous pourriez porter votre petite robe noire tous les jours. Au choix, soit vous relisez entièrement ce chapitre, soit vous allez jeter un œil sur le site http://theuniformproject.com
L'originalité du projet tient dans le concept suivant : mettre pendant 365 jours une seule et même petite robe noire, mais avec un look unique chaque jour. Pour accessoiriser la petite robe, Sheena utilise uniquement des vêtements donnés ou recyclés.
Le résultat est bluffant !

### LA PETITE ROBE NOIRE DANS LA VRAIE VIE

***Une petite robe noire haute couture et vintage***

**Didier Ludot**
125, galerie Valois – Palais-Royal – 75001 Paris
01 40 15 01 04
C'est dans les jardins du Palais-Royal à Paris que Didier Ludot vend des créations vintage haute couture. Dans sa boutique spécialisée dans la petite robe noire, une succession de créations mises en valeur par la déco rouge et noire. Didier Ludot crée chaque année une dizaine de modèles de sa propre marque : La Petite Robe noire.

### POUR EN SAVOIR PLUS

• ***La Petite Robe noire***
de Didier Ludot, éd. Assouline, 2001.
Un petit livre hommage aux plus belles petites robes noires du cinéma, par le plus grand connaisseur du vintage (voir aussi sa boutique *La Petite Robe noire*).

• ***Little Black Dress***
d'André Leon Talley,
éd. Skira Rizzoli, 2013.
Un catalogue d'exposition dont l'un des auteurs est le bras droit d'Anna Wintour. Forcément incontournable !

• ***La Petite Robe noire***
de Françoise Sagan, éd. de L'Herne, 2008.
Il s'agit d'articles que Sagan a publiés dans des magazines de mode. On peut y lire ce texte, à méditer, datant de 1969 :
*« On ne s'habille pas pour éblouir les autres femmes ou pour les embêter. On s'habille pour se déshabiller. Une robe n'a de sens que si un homme a envie de vous l'enlever, je dis bien l'enlever, pas l'arracher en hurlant d'horreur. »*

# Le pull

*« J'ai touché le fond d'la piscine*
*Dans l'petit pull marine,*
*Tout déchiré aux coudes*
*Qu'j'ai pas voulu recoudre,*
*Que tu m'avais donné.*
*J'me sens tellement abandonnée »*,

chantait Isabelle Adjani dans les années 1980. Comme elle, nous avons toutes un pull « doudou » qu'on enfilerait bien tous les jours, douillet et chaud, imprégné d'une odeur rassurante, pourquoi pas celle de l'être aimé !
Indispensable d'une garde-robe hivernale, le pull a vécu son âge d'or dans les années 1980. Jacquard, imprimé, en mohair (souvenez-vous des pubs Woolite et d'Anne Sinclair !), tout était permis. Aujourd'hui, le pull est moins dans la lumière, plus sobre, rarement imprimé, le plus souvent uni.
Et de préférence en cachemire.
À la mode ou moins à la mode, on ne peut définitivement pas se passer d'un pull, car si on n'attrape pas une pneumonie chaque hiver, c'est tout simplement grâce à lui !

# La petite histoire du pull en cachemire : la ruée vers l'or

## CAPRA HISCA, UNE CHÈVRE VIP

**Il était une fois une chèvre** qui vivait dans une région autrefois appelée « Kashmir ». Son existence était paisible et on la traitait avec beaucoup d'égards. Et pour cause : l'animal possédait une laine si douce qu'aujourd'hui encore, on vient des quatre coins du monde pour se procurer cette fibre longue et soyeuse.

## LE XIX^E SIÈCLE, L'ÈRE DU PASHMINA

**Notre cours de géographie terminé**, passons à l'histoire. Ce sont des officiers de Bonaparte qui rapportèrent le cachemire de la campagne d'Égypte. On le porte dans les classes aisées, d'abord en châle appelé « pashmînâ », oui, du même nom que celui que vous avez offert à votre belle-mère à Noël dernier ! On se sert ensuite du cachemire pour confectionner des vêtements pour les enfants, ainsi que mélangé à d'autres fibres pour des vêtements de dessus féminins.

**Dès 1870**, en Écosse, la maison Pringle of Scotland confectionne à son tour des vêtements avec cette laine. Cette marque connaît alors un grand succès ; dans les années 1920 et 1930 (quand les femmes en viennent à porter des pulls), le nom de cette maison évoque immédiatement les twin-sets, tellement en vogue à l'époque, et les pull-overs en cachemire.

## CE QUI EST RARE EST TOUJOURS CHER

**Passons maintenant à l'économie** et au XXI^e siècle ! Pendant des décennies, le cachemire était réservé à de grandes maisons comme Hermès ou Loro Piana. Mais les marques de prêt-à-porter ont fini par s'en emparer, tout comme les enseignes de *mass-market*. Que ce soit Monoprix, Uniqlo ou Zara, tous proposent désormais leur cachemire à prix doux… Résultat : pour répondre à la demande, notre petite chèvre, qui vit de nos jours principalement en Mongolie, se reproduit (elles sont aujourd'hui 60 millions), mais elle a de moins en moins d'herbe à brouter ! L'homme a bien tenté de l'amener voir ailleurs si l'herbe est plus verte, mais rien n'y fait, on ne change pas des habitudes comme ça ! Il ne faut donc pas être docteur en économie pour analyser qu'au vu de la demande exponentielle, il n'y aura malheureusement bientôt plus assez de cachemire, et les prix risquent de flamber ! Moralité : commencez à remplir votre PEA, ou prenez vraiment soin du pull que vous possédez déjà, vous avez de l'or entre les mains !

*LE SAVIEZ-VOUS ?*

**Il faut 6 chèvres pour faire un pull !**

Une chèvre = 100 à 150 g par an de cachemire.
Une étole = 300 g, soit 2 ou 3 chèvres.
Un pull = 2 à 6 chèvres selon l'épaisseur du fil.
On comprend mieux pourquoi le cachemire est si précieux !

# Égéries et scandales

Un pull peut être très sexy ! Du décolleté de Kinski au cachemire de Birkin, les inspirations glanées dans les films ne manquent pas....

## 1960 Le pull irlandais de Marilyn

Eh oui, Marilyn Monroe, encore !
En 1960, elle tourne avec Yves Montand dans *Le Milliardaire*. Au cours d'une scène de danse devenue anthologique grâce à la chanson *My Heart Belongs to Daddy*, elle porte pour seule tenue un pull irlandais qui lui cache à peine les fesses et des collants. Même hors plateau, la star ne quitte plus son pull fétiche. En 1999, la marque Gérard Darel rachète le pull aux enchères et décide de le rééditer.

## 1983 Le pull marine d'Adjani

C'est dans une piscine pour enfants, filmée par Luc Besson, que la belle Isabelle connaît un succès fulgurant avec sa chanson *Pull marine*. Évidemment, on va toutes vouloir faire la même chose : piquer le pull de notre mec avant qu'il ne nous abandonne !

*SCANDALE !*

### Fais tourner, Rachida !

Invitée sur le plateau de *La Matinale* de Canal+ en avril 2012, Rachida Dati porte un pull-over sans manches au dos duquel est imprimé un motif qui laisse penser à bon nombre d'internautes qu'il s'agit d'une feuille de cannabis. C'est avec une pointe de malice que la journaliste Caroline Roux demande donc à Rachida Dati si son pull se fume... L'ex-ministre répond qu'il s'agit d'une feuille d'eucalyptus !

### 1984 *Le pull rouge de Nastassja Kinski*

Il y a les longues errances d'Harry Dean Stanton dans le film *Paris, Texas*, et la musique de Ry Cooder qui nous entraîne avec elle dans ce road-movie à la lenteur hypnotique. Et… il y a aussi l'une des plus belles histoires d'amour et de mélancolie du cinéma. Coincée dans sa cabine de peep-show, face à une vitre sans tain, la sublime Nastassja Kinski a rendez-vous avec son passé. Troublante et sublime dans son pull en mohair rouge au décolleté hallucinant !

### ANNÉES 1980 *Le pull en mohair d'Anne Sinclair*

Il fut un temps où les 45 634 chaînes de télévision n'existaient pas encore et où l'on partageait notre dimanche soir avec une certaine Anne Sinclair. Sa popularité était certes due à son grand talent de journaliste, mais aussi à ses pulls en mohair mythiques savamment assortis à ses yeux bleus.

### ANNÉES 2000 *Les cachemires de Birkin*

C'est à même la peau que Jane Birkin porte son pull en cachemire. Gris de préférence, au décolleté hyper-profond qui laisse apercevoir son épaule. Toujours accompagné d'un jean et d'une paire de Converse, il représente depuis la tenue chic et cool par excellence.

# Les modèles

Le pull est un vêtement de la garde-robe hivernale. Il vient de l'anglais *pull-over* (« que l'on passe par la tête »). On peut aussi l'appeler « chandail » ou « tricot », à condition d'être né avant la Première Guerre mondiale ! Il peut être en laine, en coton, en soie, en fibres synthétiques, en mohair, en angora, en alpaga ou en cachemire. À chacune de décider du degré de douceur et de chaleur exigé.
Mais s'il fallait ne choisir qu'une seule matière, ce serait le cachemire, certes un peu plus cher que les autres, mais qui n'a pas son égal à tous points de vue : qualité, chaleur et douceur justement !
On le choisit en priorité gris chiné ou anthracite, noir ou marine. Des couleurs indémodables et faciles à coordonner. Une fois que l'on possède ces coloris incontournables, on peut éventuellement se permettre quelques fantaisies : prune, rouge, vert amande ou rose poudré.

## LE PULL RAS DE COU

Le classique des classiques ! Il est manches longues, mais aussi manches trois quarts ou parfois manches courtes, accompagné du gilet coordonné et, dans ce cas, on parle de twin-set.
Il en faut au moins deux dans sa garde-robe :
– un modèle près du corps pour pouvoir le porter de la manière la plus féminine possible, avec une jupe crayon, sur un pantalon cigarette ou sous un joli blazer ;
– un modèle ample pour les jours plus décontractés, en slim et baskets.

→ ***La bonne couleur :*** noir ou marine.

→ ***La bonne matière :*** cachemire ou laine mélangée à une autre fibre plus douce (soie, cachemire, alpaga).

## LE PULL COL V

Un autre classique. Plus le V est profond, plus vous serez féminine, car votre décolleté se dégagera. On le choisit de préférence manches longues ou trois quarts, plus joli en termes de proportion que des manches courtes. Choisissez la couleur de votre pull col V en fonction de celle de votre pull ras de cou. Inutile d'avoir la même couleur pour ces deux pulls dont vous ferez exactement le même usage. Si vous avez un pull ras de cou noir et un col V gris, vous avez la base, rien ne peut vous arriver !

→ ***La bonne couleur :*** gris chiné ou anthracite.

→ ***La bonne matière :*** idem que pour le ras de cou !

## LE PULL COL ROULÉ

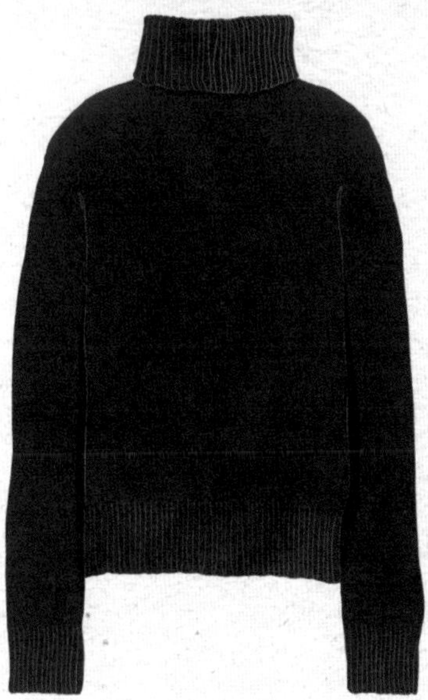

Très en vogue dans les années 1970-80-90, le col roulé n'est plus ce qu'il était ! Trente ans de gloire en acrylique, de sous-pulls qui grattent et de démangeaisons dans le cou se sont étiolés au fil des saisons. Il reste tout de même des adeptes, particulièrement frileuses de la gorge.

→ ***La bonne couleur :*** les couleurs sombres (noir, aubergine, marine, lie-de-vin).

→ ***La bonne matière :*** les matières les plus douces possibles pour qu'il ne gratte pas (cachemire, alpaga, angora, soie) et, surtout, avec un petit pourcentage d'élasthanne pour plus de confort au niveau du cou.

## LE PULL COL CHEMINÉE

Entre le ras de cou et le col roulé, le col cheminée s'arrête à mi-chemin, là, en plein milieu de votre cou. Aux oubliettes, il ne se fait plus du tout !

## LE PULL COL BATEAU

Le col bateau possède une encolure légèrement échancrée d'une épaule à l'autre. Très féminin mais pas vraiment indispensable en hiver parce qu'il découvre une partie des épaules, le pull col bateau reste un joli classique de la garde-robe du printemps ou des soirées d'été un peu fraîches. Les marinières ont la plupart du temps un col bateau, et c'est aussi un beau classique à avoir. Donc on s'offre une jolie marinière col bateau !

→ ***La bonne couleur :*** rayé, donc marinière, et toutes les couleurs pastel de l'été (jaune citron, vieux rose, anis).

→ ***La bonne matière :*** cachemire d'été, coton ou soie.

## LE PULL COL ROND DÉCOLLETÉ

Un pull féminin au décolleté arrondi. Joli quand on ne porte rien en dessous, le pull col rond s'impose lui aussi dans la garde-robe de la saison douce.

→ ***La bonne couleur :*** rose pâle, turquoise, vert d'eau.

→ ***La bonne matière :*** soie et cachemire, soie et laine, coton ou bambou.

*ON SE COUCHERA MOINS BÊTES*

### Le bambou, ou la fibre écolo

Vous l'avez sûrement remarqué, de plus en plus de marques proposent des vêtements en bambou. Douce et brillante comme de la soie, la fibre de bambou possède des vertus antibactériennes, respirantes et anti-UV, et elle se froisse très peu.
Dans certaines régions d'Asie, le bambou peut croître d'un mètre en une journée et sa repousse est quasiment instantanée, limitant ainsi l'utilisation d'engrais et de pesticides. Par ailleurs, la culture du bambou nécessite quatre fois moins d'eau que celle du coton.
Conclusion : on l'aime, le bambou, non ?

## CONSEILS MORPHO

# *Quelle est la coupe la plus adaptée à votre morphologie ?*

Il n'y a pas de conseils morpho bien arrêtés sur le pull. Tout le monde y a droit, et c'est tant mieux ! Cependant, quelques règles sont à observer si l'on veut vraiment être à son avantage.

### Quand on a un petit buste menu

**À PRIVILÉGIER**

• ***Un pull ras de cou,*** près du corps, légèrement court et manches trois quarts pour vous faire une petite silhouette à la Twiggy.

• ***Un col bateau*** qui laissera apparaître vos fines épaules.

**À ÉVITER**

• ***Le grand pull col V*** trop ample qui va vous faire littéralement disparaître.

• ***Les matières épaisses*** comme les gros pulls en laine à côtes. Trop imposantes pour votre carrure.

### Quand on a une poitrine généreuse

**À PRIVILÉGIER**

• ***Toutes les formes décolletées :*** col V profond, col décolleté arrondi, histoire de faire valoir vos atouts sans aucune vulgarité, puisque le pull n'a rien de sexy… a priori !

• ***Les matières un peu fluides,*** comme la laine et la soie mélangées, pour ne pas trop mouler vos formes.

**À ÉVITER**

• ***Les matières trop épaisses*** qui vont ajouter du volume là où il y en a déjà bien assez comme ça.

• ***Les formes trop strictes :*** ras de cou, col roulé… Quel dommage de couvrir de si jolis atouts.

## Quand on a un peu de double menton ou une mâchoire marquée

### À PRIVILÉGIER

***Les formes décolletées*** qui vont aérer votre cou : col V profond, décolleté arrondi, col bateau.

### À ÉVITER

***Pas de col roulé*** pour masquer votre double menton, l'effet exactement inverse se produirait. Le col roulé va faire déborder la chair de votre double menton en s'arrêtant pile en dessous et vous allez vous retrouver avec un triple menton…

## Quand on a une taille enrobée

### À PRIVILÉGIER

• ***Les formes fluides*** légèrement longues, disons sous l'os de la hanche, mais pas plus bas pour ne pas tasser.

• ***Les couleurs sombres ;*** on n'a rien trouvé de mieux pour faire oublier les rondeurs !

### À ÉVITER

• ***Les matières avec de l'élasthanne ;*** il n'y a rien de pire pour coller partout et faire rebondir les bourrelets.

• ***Les couleurs trop claires*** qui mettraient en lumière vos débordements et attireraient l'œil sur eux.

POUR UNE TAILLE ENROBÉE, UNE FORME FLUIDE

# *Un pull en toute occasion*

## UPGRADEZ VOTRE PULL

Non, un pull n'est pas exclusivement dédié aux jours de neige, bien planqué sous un blazer, quand on a envie non pas de rester sous la couette, mais de se transformer en couette ! Le pull a le droit de s'exprimer du matin au soir en devenant la pièce maîtresse de votre look.

### *Le pull 50's*

On a rarement fait plus féminin et sexy que les années 1950 en matière de mode féminine (et masculine d'ailleurs) ! Il n'y a qu'à regarder la série *Mad Men* pour se rendre compte à quel point un pull moulant porté sur un cœur croisé pigeonnant peut rendre dingues tous les mecs du bureau. Surtout lorsque Don Draper traîne dans le coin, clope au bec. Nous vous proposons donc de tenter le look *Mad Men* dans votre bureau. À défaut de Don Draper, c'est peut-être Didier Drapier qui succombera à votre charme indiscutable.

**→ *Le pull idéal ?***

Choisissez un pull col rond « petit volume » (c'est-à-dire pas épais) en cachemire et soie un peu court et manches trois quarts. Si vous avez un peu de ventre, optez pour un pull légèrement plus épais 100 % cachemire et plus long, mais le plus ajusté possible. De quelle couleur ? Gris clair, anthracite, marine, noir ou, si vous voulez coller au plus près des années 1950, couleur tabac (entre safran, marron et cognac).

**→ *On l'accompagne avec…***

… une jupe crayon pied-de-poule, extrêmement moulante (il faut réussir à décrocher une augmentation !). Le pull peut être porté à l'intérieur s'il s'agit d'une taille haute ou à l'extérieur si c'est une taille normale.

Celles qui ne sont pas à l'aise avec leurs hanches remplaceront la jupe crayon par une forme patineuse plus ou moins longue, de mi-cuisse à mi-mollet.
Vous pouvez piquer une broche ancienne en cristal sur le haut de votre poitrine et ajouter un sautoir en perles que vous doublerez sur votre décolleté.
Couvrez-vous d'un petit paletot manches trois quarts en lainage ou d'un trench-coat très ceinturé à la taille.
Un bibi en feutre, un joli chignon bas et une paire d'escarpins à talons épais compléteront à merveille ce look 50's.

## *Le pull 70's*

Les années 1970, avec l'avènement des matières synthétiques, ont vu exploser les pulls près du corps, les cols roulés, les sous-pulls et autres formes 100 % moulantes.
Pourquoi ne pas s'inspirer de ces silhouettes très Jane Fonda pour se créer un look qui change un peu du triptyque jean-pull-baskets ?

→ ***Le pull idéal ?***

Choisissez un petit pull court (on l'appelle « crop », comme « coupé » en anglais), de préférence en cachemire pour qu'il remplisse quand même sa fonction première : vous tenir chaud. Misez sur les couleurs 70's : bleu canard, safran, rouge orangé.

→ ***On l'accompagne avec...***

... un jean flare taille haute. Idéalement, le pull doit s'arrêter pile au-dessus de la taille du jean. Aux pieds, des talons compensés ou, en tout cas, plutôt hauts pour allonger la silhouette.
Un petit blazer en velours près du corps et cintré viendra compléter l'ensemble. Vous pouvez oser la capeline en feutre coordonnée à la couleur de votre pull. Enfilez tout un tas de bracelets dorés et nouez un foulard un peu long à votre besace en daim.

# DIY
## (DO IT YOURSELF)

### • coutures et astuces •

### • petites customisations en tout genre •

Les ennemis de notre cachemire, ce sont les coudes élimés.
Heureusement, il existe des coudières de plus en plus jolies que l'on peut même confectionner soi-même : en tissu Liberty, en tweed, en jean, tout est possible pour donner un coup de jeune à son pull !
Autre astuce : se mettre à la broderie. C'est la nouvelle activité en passe de détrôner le tricot et qui a en plus des pouvoirs ultra-calmants !

**Ajouter un écusson sur son sein**
Grâce aux coudières et écussons thermocollants, les créations de La Pièce ont tout pour nous séduire : des modèles tatouages aux ancres de marine, ces ornements sont tous plus jolis les uns que les autres. Ils ajoutent un détail charmant sur un petit pull pour moins de 8 euros.
La bonne adresse pour se les procurer : http://lapiece-vintage.com.

*Modèle de thermocollant à poser soi-même*

*S'applique à sec sur tout textile supportant le repassage à fer chaud*

**On se met à la broderie**
Et si on ajoutait quelques points de broderie ? Mais attention, il faut qu'elle soit moderne et simplifiée. Son effet graphique est garanti, avec les fils de coton plus épais que ceux que l'on utilise habituellement pour broder.
Ici, pas question de broderies surchargées, il s'agit de souligner avec une pointe de fantaisie un décolleté profond ou de créer des coudières factices.

# DIY

## UN DÉCOLLETÉ BRODÉ
## DES COUDIÈRES FACTICES

### fournitures

- 1 aiguille à bout rond
- des fils de couleur épais
- 1 pull gris

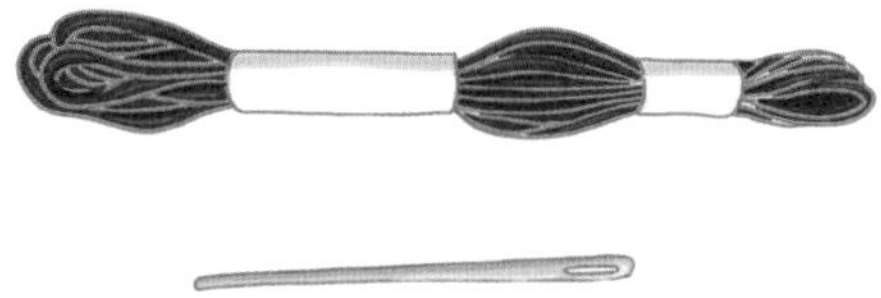

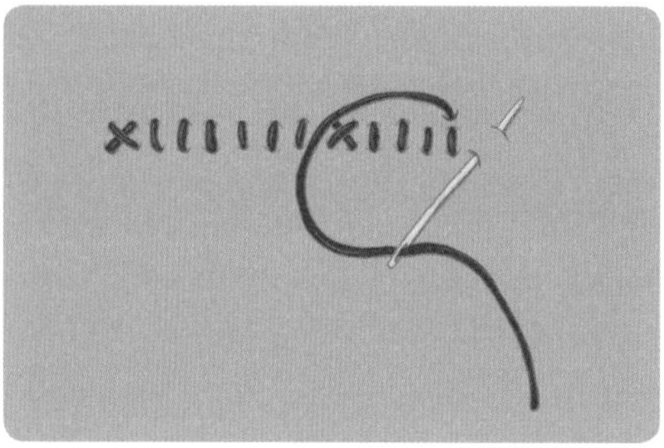

### étape 1

- Munie des fils de couleur que vous avez soigneusement choisis (le bleu et le rose fuchsia, par exemple, ressortent très bien sur un cachemire gris), faites des petits traits régulièrement espacés ou des petites croix.

### étape 2

- Le motif doit davantage ressembler à un dessin au feutre qu'à une broderie de nos grands-mères, donc pas de motifs surchargés, simplement quelques petits points de couleur çà et là.

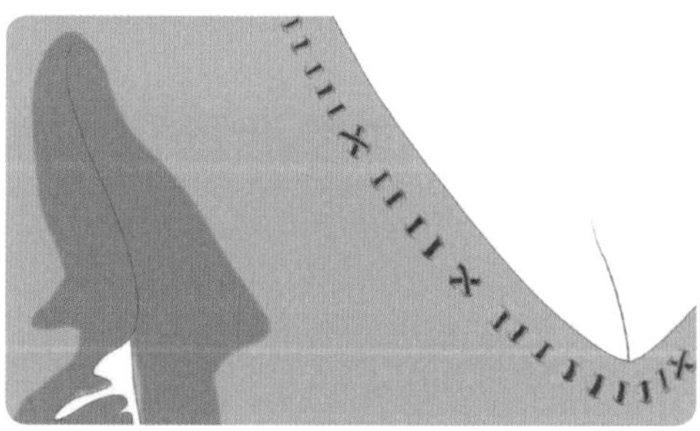

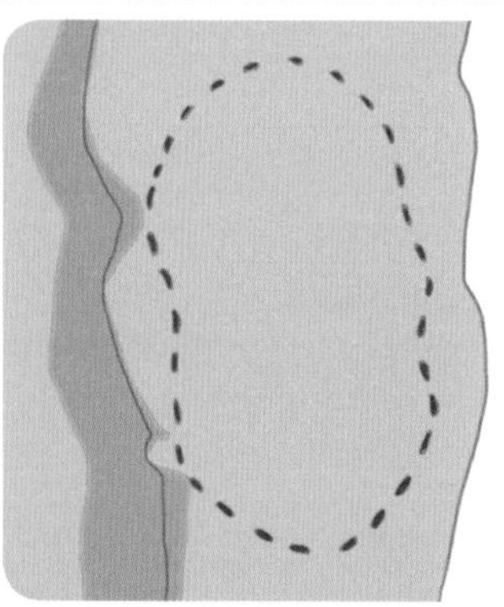

### astuces

- Avant de tenter le décolleté, vous pouvez commencer par des coudières factices sur un pull en cachemire gris. Vous allez broder quelques petits pointillés pour entourer le coude.
- Avant de ruiner votre pull, on vous conseille de vous entraîner sur une vieille chaussette !

# Conseils et entretien

## TERREURS ET SUEURS FROIDES !

Le problème avec le cachemire, c'est qu'il nous donne des sueurs froides avant même qu'on le mette dans la machine. Terrorisées à l'idée de le retrouver feutré à la sortie, on en viendrait presque à oublier de le plonger dans le grand bain.
Et une fois le lavage maîtrisé, une autre terreur pointe le bout de son nez : la bouloche. Heureusement, il existe des solutions !

## COMMENT TROUVER LE BON CACHEMIRE

De plus en plus de magasins proposent des pulls en cachemire. Pourtant, tous ne se valent pas, alors voici quelques astuces pour trouver celui qui devrait vous accompagner pendant quelques années !

• ***Le prix***
Il faudra débourser environ 90 euros pour un joli cachemire ; en dessous de ce prix, il risque malheureusement de ne pas vous tenir compagnie plus d'une saison… et encore !

• ***L'aspect***
On reconnaît immédiatement un beau cachemire, un peu comme son prochain mari ! Le tricot doit être régulier et dense. Il faut ensuite passer par la case essayage : il doit parfaitement tomber, son col doit être assez profond, les manches confortables et surtout il doit être peu cintré. Les finitions doivent être elles aussi impeccables.

• ***Les couleurs***
Moins un pull en cachemire aura été teint, donc agressé par les couleurs, plus il sera doux. Donc, si pour vous c'est un critère primordial, choisissez-le plutôt blanc cassé que marine.

• ***Le nombre de fils***
Alors là, tout dépend si vous souhaitez un cachemire épais et lourd ou au contraire plus léger. Mais pour faire simple, plus il y a de fils, plus c'est cher ! On pourrait vous conseiller un deux fils que vous pourrez porter en toutes saisons, même en fin de soirée l'été, et investir dans un huit fils ultra-moelleux pour les rudes journées d'hiver.

*LE SAVIEZ-VOUS ?*

**La douceur, oui mais...**

C'est au fur à mesure des lavages que le cachemire s'adoucit. Donc attention à la fausse impression qui vous donnerait envie de le choisir très doux en magasin : ce n'est pas un signe infaillible de bonne qualité, au contraire, c'est que le pull a été confectionné avec des poils trop courts.

**• *La provenance***

Les plus beaux cachemires sont fabriqués en Écosse, en Italie ou au Népal.

## COMMENT BIEN ENTRETENIR SON CACHEMIRE

**• *Que faire quand un pull bouloche ?***

Eh bien, c'est tout simple : on s'empare du rasoir Bic de son mec ou de celui qui nous fait des jambes douces et on le passe là où ça bouloche. Et, miracle, ces satanées petites boules de laine disparaissent !

**• *L'entretien de son cachemire***

Le cachemire adore l'eau. Plus vous lui ferez prendre de bains, plus il sera beau. Alors direction la machine le plus souvent possible. On choisit un programme laine avec peu de lessive et un faible programme d'essorage. Et, surtout, jamais d'assouplissant ! Il est déjà bien assez doux comme ça !
Pour le séchage, on étend son pull à plat. On lui donne ensuite un petit coup de fer chaud, avec de la vapeur.

# Pour aller plus loin

## WEB - BOUTIQUES - LIVRES

### LE PULL SUR LA TOILE

***Made in France***

paris-yorker.com

En vente uniquement sur le Web, la marque Paris Yorker est née de l'idée de proposer des pulls en cachemire véritablement haut de gamme, fabriqués en France avec une luxueuse fibre filée en Italie. Cols ronds et gilets à capuche sont vendus aux alentours de 200 euros.

***Personnalisez votre cachemire !***

trendy-workshop.com

Vous souhaitez ajouter vos initiales, des manches de couleur à votre col V en cachemire ? La solution se trouve sur le site de The Trendy Workshop. À partir de 189 euros.

***Plus abordables***

monoprix.fr

Depuis quelques années, l'enseigne Monoprix propose des cachemires de très bonne qualité pour moins de 100 euros. Les finitions sont impeccables, les coloris jolis et en plus, ils sont inusables !

uniqlo.com/fr

Chez Uniqlo, on trouve des cachemires dans de multiples coloris et dans la même gamme de prix que Monoprix.

### LE PULL DANS LA VRAIE VIE

***Ultra-luxe***

**Loro Piana**

12, rue du Faubourg-Saint-Honoré – 75008 Paris
01 55 35 39 35

Depuis plus de deux siècles, la maison italienne transforme le cachemire venu de Mongolie et de Chine sur le sol italien. Sa spécificité : le *baby cashemere*, fibre prisée pour sa douceur et son extrême finesse.

**Éric Bompard**

31, rue du Bac – 75007 Paris
01 40 20 11 41

Depuis presque trente ans, cette marque française crée des pulls en cachemire d'excellente qualité dans un nombre incroyable de couleurs et de coupes.

### POUR EN SAVOIR PLUS

**Le site cachemire & co**

Revue de presse, promotions, astuces pour choisir son cachemire, tout est sur le site pullcachemire.com !

# Le trench

## Impossible de dresser la liste des indispensables d'une garde-robe féminine sans aborder le trench, déjà présent dans la penderie de nos grands-mères, de nos mères et maintenant de nos filles !

Quand la mode est tantôt au manteau trois quarts, au paletot, au duffle-coat ou au manteau oversize, le trench reste bien installé dans notre penderie, se jouant des styles, de la tendance et des caprices imposés par la mode. Il est là depuis un siècle, et il y reste. Toujours aussi chic, féminin, classique, mais pas ennuyeux. Quelle que soit votre morphologie, porter un trench, plus ou moins long, plus ou moins ceinturé, plus ou moins foncé, fera de vous la quintessence de la Française chic, qu'un rien habille. Cette allure que le monde entier nous envie. Rien que ça ! Pas de besoin de pluie pour dégainer son trench… Et d'ailleurs, il est grand temps que vous ayez le vôtre !

# La petite histoire du trench : du sang et des stars

## DE LA GABARDINE AUX TRANCHÉES

**Tout commence au milieu du XIXe siècle** dans une ville de Grande-Bretagne où le jeune Thomas Burberry souffre de rhumatismes, qui se rappellent à son bon souvenir aussitôt qu'il pleut. Et il pleut beaucoup en Grande-Bretagne ! De ce mal et de cette météo capricieuse va naître un coup de maître. Le jeune garçon, n'en pouvant plus de se retrouver trempé après chaque giboulée à cause de vêtements non imperméabilisés, invente le premier manteau imperméable, qu'il baptise alors « gabardine ». L'armée britannique repère très vite cet ancêtre du trench-coat (le *tielocken*) et demande à Burberry de repenser le modèle pour en équiper les pauvres soldats. Le premier manteau des tranchées (*trench* en anglais) est inventé et devient le trench-coat.

**Les signes distinctifs du trench** sont au départ pensés pour les soldats : le col et les pattes de serrage des poignets empêchent la pluie de pénétrer à l'intérieur ; quant à la ceinture, elle comporte des anneaux où l'on peut suspendre une gourde ou des grenades !
Tout comme le jean, symbole des soldats américains victorieux (voir « La petite histoire du jean », page 12), les soldats britanniques vont continuer à porter leur trench dans la vie civile et cette pièce va représenter le vêtement de la victoire et de l'héroïsme pour le commun des mortels. Il n'en faudra pas plus pour que tout le monde veuille le sien !

## BURBERRY, FOURNISSEUR OFFICIEL DES STARS HOLLYWOODIENNES

**C'est grâce à *Casablanca*,** ce film ultra-populaire de 1942, que le trench-coat, avec sa doublure en tartan, devient le *must have* des héros des films noirs magnifiquement représentés par Bogart. Dans le sillage des stars en trench viendront Gary Cooper et Marlene Dietrich dans *Cœurs brûlés*, ou encore Audrey Hepburn dans *Breakfast at Tiffany's*. Sans oublier le lieutenant Columbo joué par Peter Falk, ou bien encore Peter Sellers, héros des aventures de la Panthère rose.

## DÉCLIN ET RENAISSANCE

**Malheureusement, une fois Thomas Burberry disparu,** la marque ne tardera pas à être revendue. L'innovation n'étant plus au rendez-vous, les célèbres trenchs perdent de leur superbe, et la marque en devient presque ringarde dans les années 1990.

**Une jolie fée vient sauver la maison,** comme dans toutes les sagas de succès d'une marque ! Ici, c'est la reine Kate Moss qui s'en charge ! Nous sommes en 1997, et la nouvelle DG de la marque choisit le top et le génial photographe Mario Testino comme icônes. En une campagne, le trench renaît de ses cendres, et toutes les filles à la mode du monde entier courent les friperies pour trouver leur exemplaire vintage ! Depuis, on rêve chaque matin qu'il pleuve pour que nous puissions nous aussi porter le nôtre…

# Égeries et scandales

Des trenchs de Garbot aux gabardines colorées des films de Jacques Demy, passage en revue des jolis trenchs du cinéma !

## 1928 Le premier trench de Greta Garbo

C'est dans le mélo *A Woman of Affairs* que l'icône de mode et actrice (aussi !) porte un trench avec un col en laine pour la première fois au cinéma. Son style sera immédiatement copié !

## 1964 Le trench jeune fille de Catherine

Dans *Les Parapluies de Cherbourg*, la toute jeune Catherine Deneuve porte son trench tantôt ceinturé, tantôt droit, mais toujours accompagné de robes de couleur pastel chères au cinéma de Demy. On notera le petit nœud très sage dans les cheveux, qui confère à la tenue un air de jeune fille un peu trop rangée.

## 1979 Le trench ceinturé de Meryl Streep

Certes, *Kramer contre Kramer* a fait verser bon nombre de larmes aux jeunes divorcés, puis à leurs enfants… Mais si l'on veut uniquement s'en tenir à une petite leçon de style, Joanna Kramer (*alias* Meryl Streep) en trench ceinturé et bottes cavalières à talons a toute sa place dans notre classement des actrices stylées dont on peut toujours s'inspirer.

## 2010 Les trenchs droits de Sofia et d'Alexa

Oubliés, la ceinture et le trench cache-poussière ! Alexa Chung le porte bien au-dessus du genou et souvent accompagné de bottines ou de ballerines. On retrouve le même style chez Sofia Coppola.

# Les modèles

Il existe plusieurs variantes du trench, tant au niveau de la longueur, que des coloris et des matières. S'il peut être en laine, en tweed, en coton ou même en soie, quand il s'agit d'un premier achat, on privilégiera toujours la gabardine de coton, un coton tissé très serré légèrement lustré et imperméable.
Pareil pour les couleurs. Pour commencer, on s'offre la couleur initiale : mastic. Celle qui ne se démodera jamais.

## LE TRENCH CLASSIQUE

Votre premier achat, c'est lui. Il ne se démodera jamais et vous suivra tout au long de votre vie. Si vous avez investi dans un Burberry, vous le transmettrez à votre fille au même titre qu'un bijou de famille.
Le trench classique se porte à mi-cuisse ou au-dessus du genou. On le porte bien ceinturé à la taille, attaché dans le dos ou ceinture lâchée le long de la cuisse, selon le degré de coolitude que l'on veut apporter à sa dégaine.
L'avantage du trench, c'est qu'il est aussi décontracté qu'il est habillé.
Il convient donc du soir au matin, et inversement.
Pour aller bosser, on le porte avec une jupe droite, une paire de ballerines et une jolie chemise blanche, attaché dans le dos par exemple.
Le week-end ou les jours off, on fait sa Jane Birkin en jean droit, baskets blanches, pull en cachemire et grande écharpe pashmina.
Et le soir, avec sa plus jolie robe noire, on le ceinture à mort (mais sans jamais se servir de la boucle, en faisant un nœud !) pour marquer la taille, on relève le col et on retrousse les manches façon Bacall.

→ ***La bonne couleur :*** mastic, kaki ou beige.

## LE TRENCH COURT

Sur la même base que le trench classique – pattes aux épaules, deux rangées de boutons, grand col et ceinture –, le trench court s'arrête en haut des hanches. On ne l'achète pas en première intention, mais quand on a déjà investi dans le classique. Le trench court se prête mieux à la garde-robe de printemps, car il est moins imposant que les autres. On le porte sur une robe mi-cuisses, pourquoi pas fleurie, histoire de casser le volume, toujours ouvert et manches relevées. À la cool, quoi !

→ ***La bonne couleur :*** noir ou marine.

## LE TRENCH LONG

Le trench peut se porter très long, battant les chevilles. Moins passe-partout que le classique, le trench long reste néanmoins une valeur sûre. Surtout par temps de pluie ! Il vous protégera de la tête aux pieds. On le porte de préférence ouvert, ceinture attachée dans le dos ou lâchée. Le porter fermé vous donnerait une allure générale un poil trop militaire. Dans la journée, on reste à plat : baskets, boots, ballerines. Pour le soir, on peut se permettre les talons très hauts, mais dans ce cas, on n'hésitera pas à ceinturer son trench pour le rendre le plus sophistiqué possible.

→ ***La bonne couleur :*** mastic, kaki ou beige.

## Le trench évasé, ou patineuse

Le trench patineuse est la version soir du trench classique, mi-cuisses : au lieu d'être droit, il s'évase à partir de la taille pour un effet féminin et sophistiqué. La matière devra être le plus souple possible pour que les pans obtenus par le serrage à la taille ondulent joliment.
On porte le trench évasé presque exclusivement le soir, avec une robe invariablement plus courte que lui. Bien ceinturé, col relevé et escarpins vertigineux.

→ ***La bonne couleur :*** noir, rouge ou marine.

→ ***La bonne matière :*** soie.

# CONSEILS MORPHO

## *Quelle est la coupe la plus adaptée à votre morphologie ?*

Bonne nouvelle : le trench va à toutes les morphologies. La seule contre-indication, c'est la taille ! Mais que vous soyez petite ou grande, il existera toujours un trench pour vous. Promis !

PETITE SILHOUETTE

### *Quand on est grande*

**À PRIVILÉGIER**

• ***Le trench classique ou mi-cuisses*** qui va à tout le monde.

• ***Le trench long,*** que vous êtes seule à pouvoir porter tant il impose une silhouette longiligne.

**À ÉVITER**

***Le trench court*** qui, sur vous, semblera avoir rétréci au lavage.

### *Quand on est petite*

**À PRIVILÉGIER**

• ***Le trench classique,*** à condition de le porter ouvert pour qu'il n'étouffe pas votre silhouette.

• ***Le trench court,*** qui sera pile poil adapté à vos proportions miniatures !

**À ÉVITER**

• ***Le trench long,*** qui va traîner par terre.

• ***Le trench patineuse,*** dont la partie basse (à partir de sous la ceinture) va être trop volumineuse pour votre silhouette.

## Quand on est ronde

**À PRIVILÉGIER**

• ***Le trench classique,*** qui va rendre rectiligne votre silhouette (logique !).

• ***Le trench patineuse,*** qui, porté bien ceinturé, fera ressortir votre poitrine et masquera vos hanches sous les pans.

**À ÉVITER**

• ***Le trench court,*** qui va découvrir vos hanches.

• ***Le trench long,*** trop imposant pour votre silhouette.

# *Un trench en toute occasion*

## UPGRADEZ VOTRE TRENCH

Il existe cent façons de porter un trench, tant il est facile à porter ! Nous en avons retenu deux : Birkin versus Alexa Chung. Deux générations, deux interprétations. Faites votre choix !

### *Le trench de Birkin*

Jane, qui a fait de la garde-robe « basique » sa marque de fabrique, porte le trench comme nulle autre. Il est d'ailleurs très facile de s'approprier son look, composé de tous les essentiels contenus dans cet ouvrage !

→ ***On l'accompagne avec…***

… un joli pull col V en cachemire gris chiné, de préférence un peu grand, comme si on l'avait piqué à son mec. On le porte à même la peau et, si on est très frileuse, on glisse en dessous un débardeur fines bretelles blanc. En jean brut, coupé droit ou slim blanc, on passe une ceinture en cuir naturel. Aux pieds, une jolie paire de Stan Smith ou de Converse exclusivement blanches. Si vous n'aimez pas les baskets, remplacez-les par une paire de derbies blanches, toujours.
La Zizi de Repetto chère à Gainsbourg sera parfaite !
On enfile son trench classique, que l'on s'approprie en laissant pendre la ceinture et en relevant légèrement le col. Bref, on ne le laisse pas tout seul comme ça, fermé et ceinturé. Ce n'est pas du tout Birkin !
On attrape enfin un grand sac fourre-tout auquel on noue un foulard (Hermès, ou dans l'esprit).

## Le trench d'Alexa Chung

Alexa Chung est une jeune it-girl anglaise qui réussit systématiquement à rendre stylée la moindre pièce de sa garde-robe. Et dans ses basiques, comme dans les vôtres désormais, on retrouve évidemment le trench, qu'elle n'hésite pas à porter de toutes les manières possibles. Et sa petite touche à elle, c'est de le porter en cape, sans enfiler les manches ! Pas mal, non ?

**→ *On l'accompagne avec…***

… son plus beau slim, on le porte avec un tee-shirt un peu rock, plutôt grand, que l'on fait blouser à l'intérieur. Alexa adore jouer le décalage garde-robe djeun's/intemporelle. Quelques chaînes autour du cou, ou un collier en cristal assez volumineux. Une paire de boots à talons, et hop ! on pose son trench comme ça, sur ses épaules, comme une cape. Attention, ce petit effet de style ne fonctionne qu'avec le modèle classique.

# DIY
## (DO IT YOURSELF)

### ◆ coutures et astuces ◆

### ◆ petites customisations en tout genre ◆

Pour changer l'allure de votre trench, il existe de multiples combinaisons qui ne coûtent pratiquement rien et qui vont lui redonner un charme fou.

**Pour accompagner son trench les jours de pluie**
**Un joli chapeau** : Inutile de vous encombrer d'un parapluie. Un joli chapeau fera l'affaire. Et si vous en choisissiez la forme, la couleur du feutre, voire le ruban ? C'est ce que propose *la Cerise sur le chapeau*, dans le VIe arrondissement de Paris ou sur Internet.

**Des bottes de pluie** : on en trouve de très jolies chez Aigle, en marine, noir ou beige, que l'on accompagne d'une petite robe mi-cuisse et d'un trench de la même longueur. À vous les flaques d'eau !

# DIY

## UN TRENCH RELOOKÉ

Vous trouvez votre trench beige trop pâle et pas assez original ?
Voici quatre astuces qui changent tout !

### On change les boutons

◆ Alors là, il n'y a pas plus simple, l'unique difficulté résidant dans la recherche des bons boutons. Pour cela, rien de mieux qu'eBay ou etsy.com, avec, comme critère de recherche, « boutons vintage » ou « boutons de l'armée ». Vous verrez, on trouve des merveilles !

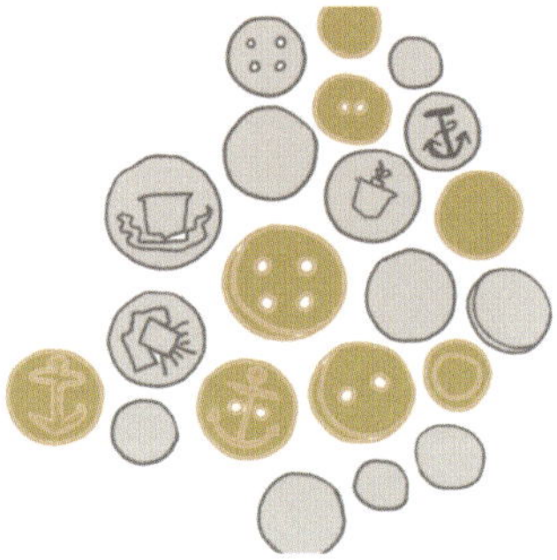

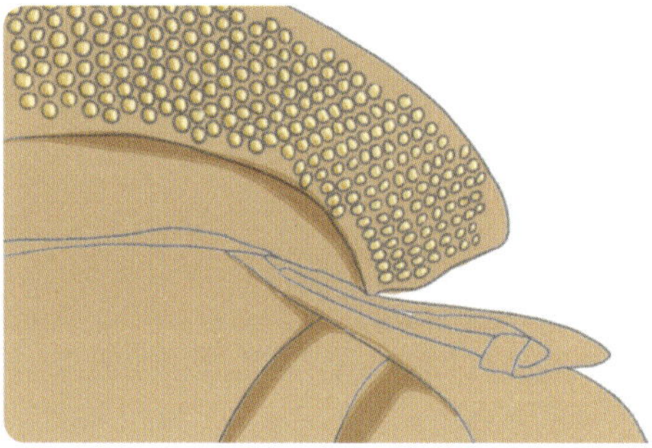

### On customise son col

◆ Rien de plus simple, une fois de plus, que d'ajouter du tissu thermocollant sous son col, avec un tissu Liberty par exemple, ou bien des rivets que l'on fixe grâce à de la colle spéciale tissus. Juste ce qu'il faut pour vous rendre unique vue de dos !

### On coupe les manches

◆ Avec une bonne paire de ciseaux, on coupe les manches et on fait un petit ourlet.

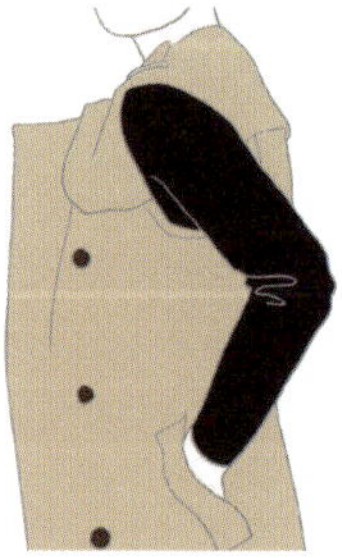

### On change la ceinture ou les poignets

◆ On se sépare de la ceinture originale pour la remplacer par une ceinture en cuir et, si possible, double.

# Pour aller plus loin

## WEB - BOUTIQUES - LIVRES

Qu'il vienne tout droit d'une grande marque ou d'une boutique plus modeste, on trouve des trenchs partout. Petit guide pour ne pas perdre de temps et s'en procurer un de toute urgence !

### LE TRENCH SUR LA TOILE

***The Find***

thefind.com/apparel/browse-burberry-vintage-trench-coat

Si vous faites partie de ces filles qui n'ont pas eu la chance d'avoir une mère qui a gardé son trench Burberry intact, il va falloir courir les friperies pour en dénicher un. Car, tout comme le sac Kelly ou la veste Chanel, ce basique se bonifie avec l'âge. Sur le site The Find, on trouve des modèles des années 1980 à partir de 150 euros.

***Un site inspirant***

artofthetrench.com

Le photographe du site *The Sartorialist* a été embauché par Burberry pour photographier des filles et des garçons plus stylés les uns que les autres dans leurs Burberry. Résultat : une mine d'inspiration pour les jours de pluie.

### LE TRENCH DANS LA VRAIE VIE

***Vintage***

**Kiliwatch**

64, rue Tiquetonne – 75002 Paris
01 42 21 17 37

Arrivages réguliers de trench vintage à prix cassés. Avec un bon coup de bol, on peut y trouver un modèle griffé Burberry… Alors, fouillez ! Et, pour les provinciales, on épluche eBay, Leboncoin et Vestiaire Collective à la recherche de son modèle patiné.

***Nouveaux modèles***

**Comptoir des cotonniers**

30, rue de Buci – 75006 Paris
01 43 54 56 73

Avec ou sans ceinture, la marque des mères et de leurs filles qui se copient propose depuis vingt ans des trenchs classiques et qui durent.

**Gérard Darel**

41, rue des Francs-Bourgeois – 75004 Paris
01 44 61 72 75

En devenant l'égérie de la marque il y a quelques années, Charlotte Gainsbourg (comme sa mère avant elle) a contribué au succès de Darel, qui décline des trenchs simples et de bonne tenue que l'on accessoiriserait volontiers du sac « 24 heures » par la même occasion.

**Zara**

88, rue de Rivoli – 75004 Paris
01 44 54 20 42

Vite, il pleut, allons nous réfugier chez Zara ! Chez eux, c'est toute l'année, de toutes les couleurs et de toutes les formes que l'on peut se procurer des trenchs. Idéal pour changer un peu de notre version beige.

# La veste

## Aucune garde-robe digne de ce nom n'existe sans sa petite veste.

Qu'elle soit noire, grise, bleue, en tweed, en lainage ou en lin, il vous faudra une petite veste tout au long de l'année : en hiver pour vous tenir chaud, en été pour aboutir une silhouette et à la mi-saison pour ne pas sortir en tee-shirt quand il fait encore trop frais.
Ce qu'il y a de bien avec une veste, c'est qu'à peine enfilée, elle donne directement le ton de votre look.
Imaginons une tenue des plus basiques : jean/tee-shirt blanc/ballerines. Passez une veste de blazer anthracite et vous obtenez un look masculin-féminin ; couvrez-vous maintenant d'une veste de smoking et vous êtes prête à aller dîner ; troquez-la contre un blazer croisé boutons dorés et vous êtes chiquissime !
À vous de choisir celle qui vous accompagnera le mieux au quotidien… On vous donne des pistes !

# La petite histoire de la veste : Chanel, Saint Laurent and Co

## PETITE ROBE NOIRE ET BLAZER : LE DUO GAGNANT DE CHANEL

**C'est une fois de plus dans les années 1920,** pendant cette fameuse période de « mode à la garçonne », que le blazer va faire son apparition dans le vestiaire féminin sous la forme que l'on connaît actuellement. Les femmes, ivres d'indépendance et de l'alcool qu'elles boivent comme des hommes, coupent leurs cheveux, fument, réclament les mêmes droits que leurs conjoints et jettent leurs corsets aux orties. Cette nouvelle vie va de pair avec des changements vestimentaires. Elles montrent leurs gambettes, elles ne sont plus engoncées, et la frontière entre féminin et masculin se perd.

**Le blazer** (de *to blaze*, « flamboyer » en anglais) vient des uniformes que portaient les marins anglais. À l'époque, on le trouve orné de boutons dorés. Gabrielle Chanel, qui puise son inspiration dans l'univers de ses conquêtes, vit alors une histoire d'amour avec le duc de Westminster. Elle découvre l'élégance et le confort anglais : le tweed, le chandail et… la veste masculine !

**Et c'est donc en 1926,** la même année que la petite robe noire (*cf.* « La petite histoire de la petite robe noire », page 64), que Gabrielle Chanel introduit le blazer dans sa collection.

## … ET CHANEL INVENTE LA VESTE EN TWEED

**Nous sommes en 1954** et Chanel a 71 ans quand elle rouvre sa maison de couture après un arrêt de plusieurs années. Lasse de voir une mode qu'elle juge « rétrograde », en référence au New Look de Christian Dior, elle oppose son petit tailleur, composé d'une jupe et de la fameuse veste en tweed que l'on rêve encore toutes de posséder. Cette veste dénuée de col, matelassée de soie avec sa fameuse chaîne dorée qui vient plomber la veste, prend forme aussitôt qu'on la passe. Un mythe est né ! Les Américaines raffoleront en avant-première de cette nouvelle création, les Françaises mettront une année de plus pour reconnaître ce modèle, qui n'a toujours pas pris une ride.

## … ET SAINT LAURENT OFFRE LE SMOKING AUX FEMMES

**Dans les années 1920,** et même avant (*cf.* « La petite histoire de la chemise blanche », page 42), les femmes ont parfois porté le costume. Pourtant, le smoking pour femme va être, dès la première collection de Saint Laurent, au milieu des années 1960, l'une des pièces phares du couturier. Il ira même jusqu'à faire deux cents déclinaisons différentes de son smoking pendant sa carrière ! De Françoise Hardy à Catherine Deneuve en passant par Mireille Darc, toutes le porteront.

## LA VESTE ÉPAULÉE DE LA WORKING GIRL

**Oublié dans les années 1970,** le blazer va connaître un regain d'intérêt dans les années 1980 : les femmes veulent alors prendre l'ascenseur social, gagner autant que les hommes, travailler et élever leurs enfants ! Pour bouger vite et bien, elles portent le pantalon et l'accompagnent d'une veste, souvent à épaulettes, comme pour élargir leur carrure, que l'on pourrait juger fluette pour le rôle qu'elles veulent endosser.

*ON SE COUCHERA MOINS BÊTES*

### D'où vient l'expression « se prendre une veste » ?

Cette expression synonyme d'échec vient des jeux de cartes. En effet, « faire capot » signifie « perdre, s'allonger, rater sa partie ». Or, vers le milieu du XIX$^{e}$ siècle, une capote était une redingote qui protégeait de la pluie. Par un astucieux jeu de mots, à force de dire « faire capot » ou « se prendre un capot », on a fini par dire « se prendre une capote », puis, le mot « capote » étant remplacé au fil du temps par « veste », « se prendre une veste » est devenu l'expression consacrée pour un échec !

# Égéries et scandales

Veste sans rien en dessous, femmes ultra-féminines en costumes trois-pièces, une fois encore, marchez sur les traces des stars pour vous inspirer...

## 1930 *Katharine Hepburn l'androgyne*

Grâce à son physique androgyne, la jeune actrice au caractère bien trempé va faire entrer le pantalon et la veste dans le vestiaire de Madame Tout-le-Monde. Contrairement à Dietrich, qui masculinise son style à outrance, Hepburn ajoutera toujours une touche de féminité grâce à des blouses ou des sweats près du corps.

## 1975 *Une top, un smoking, un photographe*

C'est l'année de la fameuse photo d'Helmut Newton en noir et blanc d'un modèle de costume noir Saint Laurent accompagné d'une chemise au col lavallière. Ce cliché pris rue Oudinot, à Paris, a révolutionné le genre en sortant la photo de mode des studios. Coupe ultra-courte, main dans la poche et cigarette à la main, voici la Française chic et libre par excellence.

## 1986 *La bombe Kim Basinger*

Kim Basinger passe beaucoup de temps nue dans le film érotico-policé d'Adrian Lyne *9 Semaines ½*. Dans plusieurs scènes, la bombe hypra-féminine endosse le costume masculin en total look, mais elle porte aussi une veste oversize grise qu'elle associe avec un pantalon étroit… que l'on n'appelle pas encore slim à l'époque !

## 1988 *Melanie Griffith l'ambitieuse*

Dans le film *Working Girl*, pour prendre la place de sa boss (Sigourney Weaver), Melanie Griffith n'hésite pas à lui emprunter ses vêtements. C'est toute la panoplie des années 1980 résumée en un film : blazer hypra-épaulé, chemise blanche et brushing de circonstance. L'un des seuls styles que l'on n'aurait finalement plus très envie d'adopter !

## 2002 *Casta-Deneuve-Saint Laurent, le trio gagnant*

Entouré de ses deux muses, Catherine Deneuve et Lætitia Casta, et suivi par ses mannequins, toutes vêtues de déclinaisons de son fameux costume, Saint Laurent fait des adieux très émouvants au monde de la mode sur les notes de *Ma plus belle histoire d'amour, c'est vous*. Frissons garantis.

# Les modèles

Il n'existe pas une coupe de veste, mais des dizaines ! Et comme nous sommes là pour évoquer les indispensables, les basiques, les vêtements qui ne se démoderont jamais, ou presque…, nous en avons sélectionné quatre, intemporelles, qui vous sauveront la mise au quotidien.
Quand vous trouverez le combo jean/basket trop décontracté pour aller bosser, quand vous n'oserez pas sortir de chez vous avec ce décolleté incendiaire, quand vous frissonnerez les nuits d'été, votre veste sera là pour vous.

## LE BLAZER DROIT

Le blazer droit est emprunté au vestiaire masculin. C'est la veste de costume par excellence : deux boutons, pas de pinces, parfois une poche plaquée sur la poitrine et une fente à l'arrière. On le trouve dans toutes les matières de la planète et on peut même se permettre un imprimé pied-de-poule ou des chevrons pour jouer à fond la carte masculin-féminin.

→ ***La bonne couleur :*** noir, marine.

→ ***La bonne matière :*** en hiver, on le choisit en laine, en cachemire, ou d'un mélange des deux, bref, dans une matière qui tient chaud. En été, on privilégie le coton, la soie, le lin.

→ ***Le créateur iconique :*** APC, pour ses modèles copiés-collés sur le vestiaire masculin.

## LE BLAZER CINTRÉ

C'est LE blazer des filles. Il peut avoir un ou deux boutons. Il se porte ajusté, notamment grâce à ses pinces au niveau de la taille. Il peut lui aussi avoir une poche à la poitrine. On peut le porter court et, dans ce cas, il n'aura qu'un seul bouton, ou carrément plus long et alors il peut être croisé avec quatre boutons dorés.

→ ***La bonne couleur :*** si l'on possède déjà un blazer droit, on choisit le modèle cintré dans une autre couleur (ou dans une autre matière). Gris anthracite par exemple, que l'on portera aussi bien en hiver qu'à la mi-saison.

→ ***La bonne matière :*** les mêmes que pour le blazer droit.

→ ***Le créateur iconique :*** Zara, comme souvent !

## LA PETITE VESTE EN TWEED

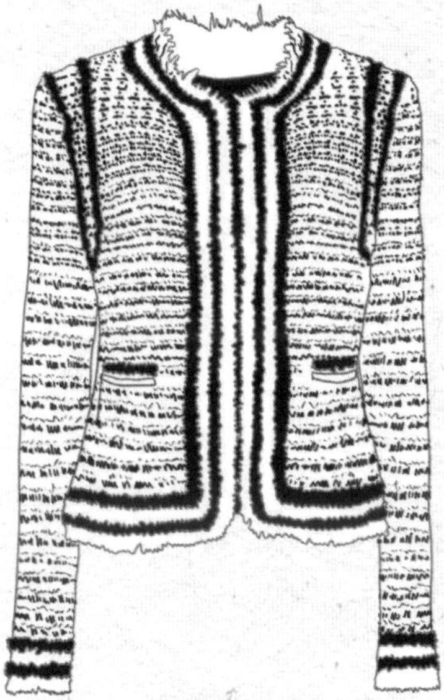

Coupée droite et courte, col rond, manches trois quarts avec des boutons dorés ou bijoux, c'est la veste qui donne à la seconde l'impression d'avoir une pièce Chanel sur soi. Et pourtant, ce n'est pas le cas ! Devenu icône, ce modèle de veste se retrouve chaque saison dans toutes les collections.

→ ***La bonne couleur :*** forcément chiné bicolore ; le mélange gris et noir reste le meilleur.

→ ***La bonne matière :*** obligatoirement en laine, ou avoisinant !

→ ***Le créateur iconique :*** Chanel, mais aussi Isabel Marant et toutes les petites marques qui « réinterprètent », comme Zara, H&M et compagnie.

## LA VESTE DE SMOKING

C'est la veste de smoking des grandes occasions masculines détournée pour nous les femmes. Noire toujours, avec un col écharpe plus brillant que le reste, en soie ou en satin. Elle peut être doublée d'une soie ivoire. Les boutons sont recouverts de la même matière que le col. Elle peut être très droite ou très cintrée, selon la façon dont on aime la porter.

→ ***La bonne couleur :*** noir.

→ ***La bonne matière :*** en laine et soie.

→ ***Le créateur iconique :*** Saint Laurent Paris.

## CONSEILS MORPHO

### *Quelle est la coupe la plus adaptée à votre morphologie ?*

Selon votre carrure, votre taille ou votre tour de poitrine, il existe une veste qui vous ira comme un gant. Aucune restriction de matière, seule la coupe compte.

### Quand on est un petit gabarit

**À PRIVILÉGIER**

• ***Le blazer cintré*** un bouton, coupé plutôt court car il sera pile adapté à votre petit buste.

• ***La veste en tweed,*** elle aussi coupée plutôt courte et la plupart du temps manches trois quarts. En résumé, il vous faut une veste « petit volume ».

**À ÉVITER**

• ***Le blazer droit,*** qui va rendre votre silhouette trop rectiligne.

## Quand on a des formes

**À PRIVILÉGIER**

• ***Les coupes droites,*** qui ne vont pas insister sur vos hanches ou votre poitrine.

**À ÉVITER**

• ***Les coupes trop courtes*** et cintrées qui vont mettre principalement l'accent sur vos hanches.

## Quand on est très mince, voire filiforme

**À PRIVILÉGIER**

• ***Tous les blazers cintrés,*** qui vont créer du volume et des formes là où il n'y en a pas.

**À ÉVITER**

• ***Le blazer droit et la veste en tweed coupée*** trop droite, car ils vous rendront encore plus androgyne.

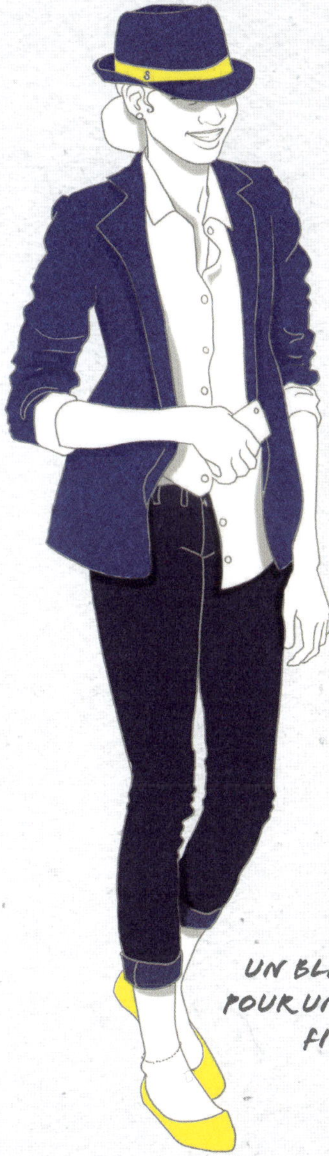

UN BLAZER CINTRÉ, POUR UNE SILHOUETTE FILIFORME

# Une veste en toute occasion

## UPGRADEZ VOTRE VESTE

Quatre coupes de vestes, quatre propositions de look pour acheter sans se tromper et, surtout, ne jamais manquer d'idées !

AVEC UN BLAZER DROIT, DES BOOTS EN DAIM

### Le blazer droit

Le blazer coupé droit, c'est le blazer de tous les jours, le plus simple à porter, à condition d'aimer la dégaine masculin-féminin.

→ ***Le blazer droit idéal ?***

On commence par le commencement avec un modèle gris anthracite, moins habillé que le noir et facile à porter à la mi-saison.

→ ***On l'accompagne avec…***

… un pull en cachemire noir, col V de préférence. Avec un jean brut slim, on reste quand même féminine et, chaque jour, on fait tourner ses chaussures en fonction de son programme : une paire de boots en daim, des derbies (dans ce cas, on retrousse légèrement le bas de son jean), des baskets. Le mieux, vous l'aurez compris, étant de rester à plat.

## Le blazer cintré

Le blazer cintré apporte ce je-ne-sais-quoi de féminité qui manque au blazer droit.

→ ***Le blazer cintré idéal ?***

Le mieux, c'est d'en avoir un noir que l'on pourra porter de jour comme de nuit. D'autant plus si l'on possède déjà un modèle gris dans une coupe droite.

→ ***On l'accompagne avec...***

... des vêtements ajustés. La silhouette idéale ? Une robe noire classique, col rond, mi-cuisse. Des collants opaques noirs et une jolie paire de ballerines en cuir noir. On entoure son cou d'un grand pashmina dans un ton sourd : bleu canard, prune, aubergine, pour apporter une touche de couleur sans trop contraster.

AVEC UN BLAZER CINTRÉ, DES BALLERINES

## La petite veste en tweed

Alerte ! Il n'est pas question de ressembler à la reine d'Angleterre en estimant qu'il faut impérativement la jupe droite qui va avec et la paire d'escarpins à talons bobines qui va bien aussi. L'idée, c'est de « décaler » cette veste hyper-guindée avec des pièces bien plus cool.

→ ***La petite veste en tweed idéale ?***

Chanel ou... Zara !

→ ***On l'accompagne avec...***

... par exemple, un boyfriend dont on retrousse l'ourlet, des baskets de préférence blanches aux pieds, comme des Stan Smith ou des Converse ; pour le soir, une paire d'escarpins.

Sous sa veste en tweed, on peut aussi bien porter une chemise blanche, dont on défera quelques boutons, qu'un pull col rond tout simple, noir, gris, marine. Inutile de trop en faire, c'est la veste qui se charge de tout !

AVEC UNE VESTE EN TWEED, DES BASKETS

## La veste de smoking

Toutes les cartes sont à jouer avec une veste de smoking !

→ ***La veste de smoking idéale ?***

Une veste Yves Saint Laurent noir profond, envers de col et boutons recouverts de soie. Certes, un investissement, mais sur du très long terme. Sinon, rabattez-vous chez Zara qui en propose toujours dans ses collections.

→ ***On l'accompagne avec…***

… rien dessous le soir, en la portant fermée, ou un simple caraco en soie ivoire ; on peut s'offrir le pantalon coordonné avec la bande de soie qui court le long de la jambe.
Aux pieds, il faut impérativement une paire de talons noirs, les plus hauts possibles. On s'attache les cheveux et on est la fille la plus sexy de la soirée !
Les cérémonies sur tapis rouge sans une actrice sapée de cette façon sont rares !
On peut également « décaler » le smoking dans une version plus rock, à la Kate Moss, avec tee-shirt blanc tout simple, slim noir et boots en daim noir. Quel que soit votre choix, sachez que le smoking ne s'épanouit bien que le soir…

# DIY
## (DO IT YOURSELF)

◆ coutures et astuces ◆

◆ petites customisations en tout genre ◆

On a toutes plusieurs vestes, on peut donc se permettre de les accessoiriser ou de les transformer pour leur donner un coup de jeune et du peps, pour une soirée ou pour plus longtemps...

**Changer les boutons**
Votre blazer a triste mine, troquez ce vilain bouton en plastique noir contre un joli bouton vintage en laiton avec une ancre de marine, et vous voilà avec un blazer très masculin-féminin.

Pour trouver de jolis boutons, on va dans une mercerie, ou bien on se rend sur etsy.com, et là on en découvre de toutes les formes et matières, du plus actuel au plus vintage.

**Le revers gagnant**
Une bonne veste doit tomber juste au-dessus du poignet. Sinon on remonte les manches jusqu'au coude en les faisant plisser. Autre solution, on customise le revers avec une jolie doublure presque ton sur ton.

# DIY

## UNE VESTE SIGLÉE

Vous avez envie d'imposer votre style et de vous démarquer de vos copines avec des écussons, des fleurs et des coudières (attention, un seul accessoire à la fois, hein !). Voici des solutions !

### Un blazer preppy

◆ On ajoute des écussons à sa veste et on obtient un blazer preppy très original !

### Des camélias à la boutonnière

◆ On ne se lasse pas de la fleur chère à Coco Chanel. On la tricote, on la confectionne en crochet ou on l'achète toute faite en tissu. La vraie bonne idée, c'est de multiplier les tailles et de prendre les fleurs dans la même tonalité. Par exemple des fleurs crème sur une veste blanche.

### Des coudières en feutre

◆ On les choisira bleu marine pour une veste noire par exemple.

# Pour aller plus loin

## WEB - BOUTIQUES - LIVRES

### LA VESTE SUR LA TOILE

• ***Modèles masculins-féminins***

apc.fr

Les modèles d'APC masculins-féminins sont indémodables et incontournables.

kooples.fr

Pour les filles qui veulent s'habiller comme leur mec mais en portant tout de même un modèle près du corps.

paulsmith.co.ulk

Des modèles tout droit sortis du vestiaire masculin anglais pour les femmes.

• ***Vestes***

zara.com

Blanches, rose fuchsia, à rayures tennis ou noires, on trouve toutes les couleurs de vestes chez le géant espagnol.

• ***Modèles preppy***

kitsune.fr

Le modèle de veste de jour bicolore avec des boutons dorés et un petit nœud bicolore en broche, un essentiel pour se la jouer étudiante un jour… étudiante toujours !

ralphlauren.fr

Dans le même esprit, mais beaucoup plus classique, bien coupé, impeccable, incontournable.

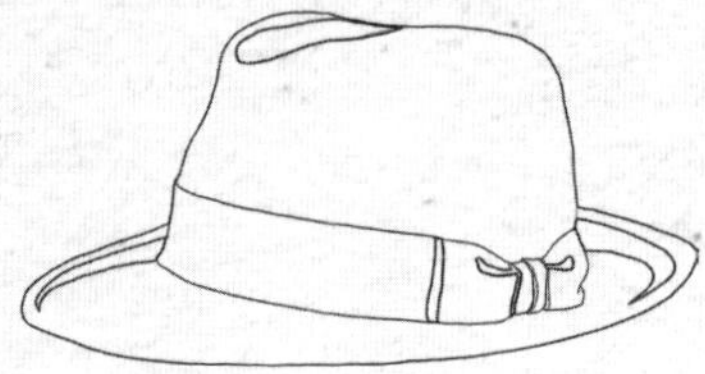



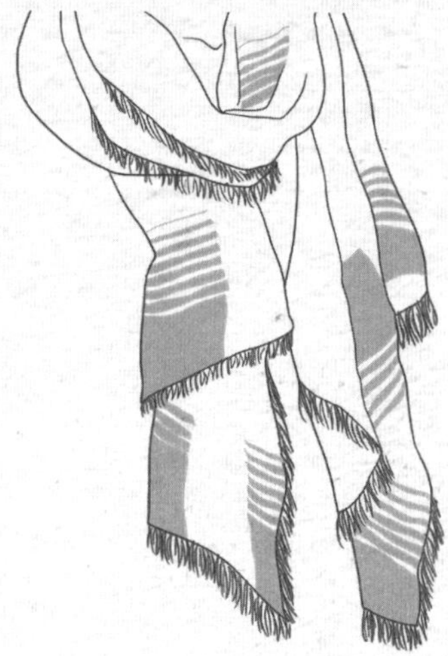



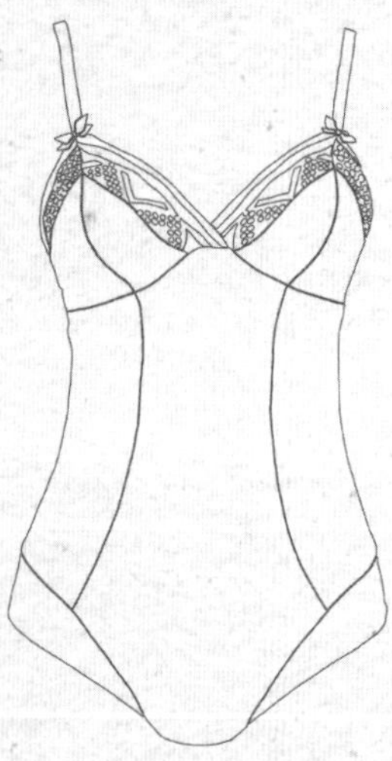



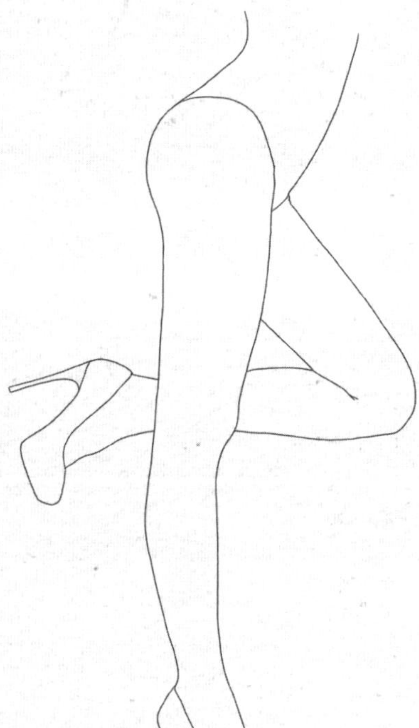

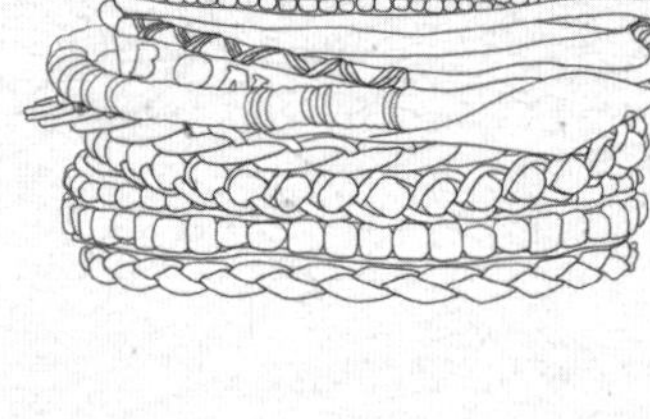

*2ème Partie*

# LES ACCES-SOIRES

**Avoir des basiques dans sa garde-robe,** c'est être à peu près certaine de ne pas faire de faux pas, ou en tout cas d'avoir les bonnes pièces, qui s'assembleront parfaitement tout au long de l'année. Ça, vous l'avez compris !
Mais, pour parfaire ce look sobre et efficace, il vous faut aussi toute une armée d'accessoires, que vous porterez selon vos envies et les occasions. Une robe noire classique associée à des collants plumetis et une vertigineuse paire de stilettos n'aura pas le même effet avec des collants opaques et une paire de ballerines.
Et c'est tout l'intérêt d'avoir de bonnes pièces fiables et intemporelles dans son placard ! Elles s'accommodent à toutes les situations selon les accessoires que vous leur adjoignez.
Faisons maintenant le tour de tout ce qui se porte aux pieds, sur les épaules, autour de la taille, au poignet ou sur la tête afin que votre garde-robe se rapproche au plus près de la perfection !

# Les chaussures

## Les chaussures rendent hystériques la plupart des femmes !

Allez savoir pourquoi, la vue d'une jolie paire d'escarpins déclenche en nous des pulsions incontrôlables, une envie irrépressible, un pétage de plomb littéral ! C'est notre foot à nous !
Voici les paires qu'il vous faut, de gré ou de force, si vous voulez vous concocter mille et un looks tout au long de l'année. Il y en a pas mal, à vous de faire votre choix et de compléter avec ce que vous avez probablement déjà.

# Les boots et les bottes

## Les low boots en daim beige

Talons de bois, pas plus de 4 cm, courtes, découpe légèrement cow-boy, depuis qu'Isabel Marant a lancé son modèle Dicker, impossible de zapper ces boots passe-partout. Vous les trouverez quasiment dans toutes les enseignes.

→ ***Avec quoi les porter ?*** Parfaites avec un jean slim ou une petite robe noire patineuse. En hiver, avec des collants opaques anthracites. Au printemps, jambes nues. On les porte exclusivement en journée, le daim beige donnant un côté très casual qui passe moins le soir.

→ ***Le modèle iconique :*** les Dicker d'Isabel Marant.

## Les Chelsea boots

Talons plats, bouts ronds, élastique sur les côtés et languette à l'arrière, les Chelsea boots sont l'un des modèles phares de la maison JM Weston. On les préfère en cuir cognac, mais elles passent très bien en noir. Vous les trouverez partout et à tous les prix, mais, surtout, n'achetez que du cuir et pas du simili. Vous les paierez certes plus cher, mais vous les garderez *ad vitam aeternam* !

→ **Avec quoi les porter ?** Avec un jean slim court, une chemise blanche, un trench pour une allure chic et intemporelle de 17 à 77 ans !

→ **Le modèle iconique :** les Chelsea de JM Weston.

## Les motardes

Gros cuir gras, boucle sur le côté, la botte motarde s'est imposée aux pieds des filles qui n'ont même pas de moto !

→ **Avec quoi les porter ?** Une robe noire classique un peu courte, des collants opaques et un blazer pour casser le côté trop motarde justement.

→ **Le modèle iconique :** les Biker de Zadig & Voltaire.

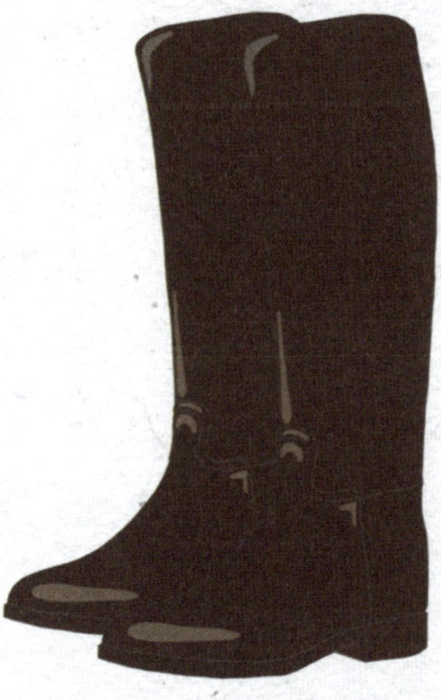

## Les cavalières

Très plates, bouts ronds, hautes jusqu'au-dessous du genou, les bottes cavalières offrent instantanément une dégaine ultra-chic, limite aristo. Plus rock et décontractées en noir qu'en marron.

→ **Avec quoi les porter ?** Par-dessus un slim gris, pull col rond en cachemire noir et blazer en tweed.

→ **Le modèle iconique :** la botte cavalière Aigle.

# Les ballerines

LE SAVIEZ-VOUS ?

### La petite histoire de la Cendrillon de Repetto

En 1956, Brigitte Bardot, toute jeune actrice, demande à Rose Repetto de lui fabriquer une paire de ballerines semblables à celles qu'elle portait alors qu'elle était petit rat de l'Opéra.
Le modèle baptisé « Cendrillon », plus échancré sur les orteils qu'une paire de demi-pointes classiques, fera fureur grâce au film *Et Dieu créa la femme*. Même si BB exécutera finalement sa fameuse danse pieds nus, la légende de la ballerine Cendrillon est née et perdure encore.

## Les ballerines de tous les jours

Absolument indispensables, les ballerines s'imposent dans toutes les garde-robes, sans exception, quel que soit votre âge. On privilégie pour commencer un modèle en cuir noir, facile à porter en hiver et à la demi-saison. Pour l'été, on pourra s'offrir une paire colorée, pourquoi pas rose ou rouge vernie.

→ ***Avec quoi les porter ?*** Une jupe, une robe, un jean un peu court. Attention aux pieds un peu forts, les ballerines qui sont très souples ont tendance à se déformer !

→ ***Le modèle iconique :*** les Cendrillon de Repetto.

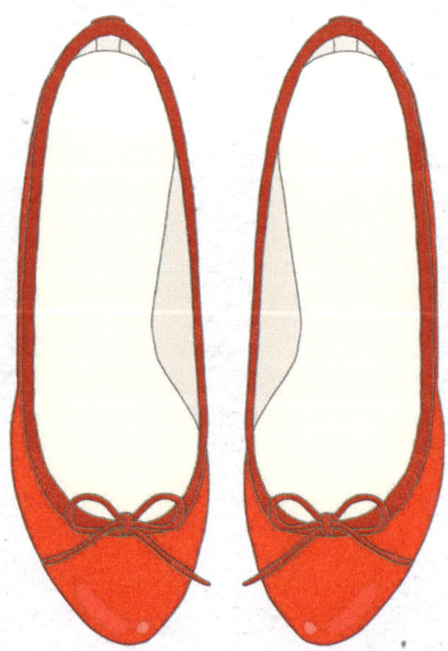

# Les derbies

Empruntés au vestiaire masculin, les derbies se sont imposés dans le placard des femmes qui affectionnent le mélange des genres. On les choisit impérativement en cuir et de préférence noirs. On peut se permettre un bout fleuri, c'est-à-dire à trous-trous, mais on évite les modèles bicolores, trop connotés mafia italienne des années 1930 ! Les plus féminines d'entre vous les choisiront plus fins au bout, et les adeptes du style masculin-féminin jetteront leur dévolu sur un modèle au bout plus arrondi.

→ ***Avec quoi les porter ?*** Un tailleur-pantalon 7/8e et des chaussettes en fil d'Écosse plissées sur la cheville.

→ ***Le modèle iconique :*** les Shannon de Church's.

# Les talons hauts

## Les escarpins en cuir noir

Même pour celles qui ne portent jamais de talons (si, si, il en existe !), avoir une paire d'escarpins dans sa garde-robe, c'est être sûre de pouvoir se transformer en femme fatale en une seconde. La moindre tenue *casual* – jean + chemise blanche + blazer – devient ultra-glamour au contact d'une paire d'escarpins. Pour les grandes occasions (mariage, baptême ou soirée habillée), vos escarpins, forcément en cuir noir pour être certaine de les porter avec tout, vous sauveront la mise. Choisissez des talons pas trop hauts (disons que 8 cm pourraient être la limite) pour pouvoir les porter de jour comme de nuit. Et un bout plutôt légèrement arrondi afin qu'il traverse les modes.

→ ***Avec quoi les porter ?*** Avec tout ! Jean retroussé, jean slim, robe et jupe, évidemment.

→ ***Le modèle iconique :*** les Poppy d'Isabel Marant.

## Les salomés

Pour varier les plaisirs d'un escarpin classique, vous pouvez investir dans une paire de salomés. Décolletées sur le cou-de-pied, avec une bride centrale, elles ont tendance à être plus confortables qu'une paire d'escarpins, car le pied est mieux maintenu. On peut s'en offrir une paire un peu plus fun avec des clous, comme le modèle Rockstud de Valentino, très vendu.

→ ***Avec quoi les porter ?*** Un pantalon cigarette noir suffisamment court pour découvrir la bride la plus haute.

→ ***Le modèle iconique :*** les Rockstud de Valentino.

# Les baskets

## Les baskets blanches

Quel que soit votre âge, vous avez besoin d'une paire de baskets blanches pour les jours où vous avez envie d'être à la cool. Pas besoin d'être une grande sportive pour enfiler sa paire ! On les choisit en cuir pour ne pas avoir froid aux pieds l'hiver, de préférence basses, les baskets hautes donnant tout de suite un effet plus street wear, pas forcément heureux passé 20 ans. Surtout pas de chaussettes de sport coordonnées ! Vous pouvez les porter avec une jolie paire de chaussettes un peu épaisses, gris chiné, que vous plisserez sur la cheville.

→ ***Avec quoi les porter ?*** Un tailleur rayure tennis marine et une chemise blanche. Chic et décontracté, parfait donc.

→ ***Le modèle iconique :*** les Stan Smith d'Adidas.

## Les baskets en toile

Les baskets en toile sont le pendant estival des baskets blanches. Mais cette fois, pas besoin qu'elles soient blanches. Marine, c'est parfait ! Sur des pieds bronzés, rien de plus chic. On les porte de préférence pieds nus, à condition d'être sûre de ne pas trop transpirer. Sinon, on peut glisser de minuscules socquettes en coton qui épargneront à vos pieds de suer et donc… de sentir !

→ ***Avec quoi les porter ?*** Avec un jean slim 7/8$^{e}$, un sweat gris et un blazer gris anthracite.

→ ***Le modèle iconique :*** les Chuck de Converse.

## Les Vans

Vous avez peut-être déjà porté des Vans dans votre enfance, voire votre adolescence ! Voilà quelques années qu'elles sont revenues en force, imprégnant immédiatement le moindre look d'un je-ne-sais-quoi de Californie ! On les préfère en été, car elles sont en toile et plus jolies à porter pieds nus. Toutes les couleurs sont permises ! Inutile d'investir dans un skateboard pour les mettre, les Vans se sont parfaitement intégrées dans tous les dressings, faisant oublier qu'elles étaient au départ destinées aux pros de la glisse.

→ ***Avec quoi les porter ?*** Avec un short en jean, un débardeur blanc et plein de bracelets brésiliens. Exactement comme une Californienne !

→ ***Le modèle iconique :*** l'Authentique de Vans.

## Les runnings

Les dernières nées de la « folie baskets » ! Initialement conçues pour faire du sport, et courir en l'occurrence, ces baskets de pro se sont incrustées dans la garde-robe des filles cool depuis quelques saisons déjà. Détournées par les New-Yorkaises, habituées à parcourir des blocs d'immeubles pour aller au boulot, les runnings se rangeaient dans le sac au profit d'une paire de talons une fois arrivée au bureau. Mais, à force d'être portées et compte tenu de leur confort indéniable, elles ont fini par ne plus quitter les pieds des working girls ! L'avantage, c'est que les sportives peuvent évidemment les utiliser pour faire du sport ! On les choisit avec une base noire, mais des lacets ou un sigle fluo.

→ ***Avec quoi les porter ?*** Un legging noir, un pull en cachemire, un joli manteau trois quarts et une casquette de base-ball. Le style sport chic new-yorkais parfait !

→ ***Le modèle iconique :*** les Nike Free Run.

# Les chaussures d'été

*LE SAVIEZ-VOUS ?*

### La petite histoire des tropéziennes

Cette paire de sandales indémodables est née dans les années 1920 dans le petit port de Saint-Tropez, plébiscitée par Marlene Dietrich et Colette.
Les maisons Rondini et K.Jacques continuent à les fabriquer de manière artisanale. Il faut environ une heure pour fabriquer une paire de tropéziennes.

## Les spartiates, ou tropéziennes

Si vous deviez ne posséder qu'une seule paire de sandales d'été, ce serait indiscutablement une paire de tropéziennes ! On les choisit en cuir caramel pour aller non seulement avec votre bronzage, mais aussi avec l'ensemble de votre garde-robe estivale. Elles insufflent à n'importe quel look un vent chaud de vacances, de sable et de coolitude, même sur le bitume !
D'une manière générale, pensez à soigner votre pédicure dès que vous dégainez vos petits petons à l'air libre. On choisira alors un joli vernis corail.

→ ***Avec quoi les porter ?*** Une robe en coton blanc brodé et un panier en osier.

→ ***Le modèle iconique :*** la cinq lanières de Rondini.

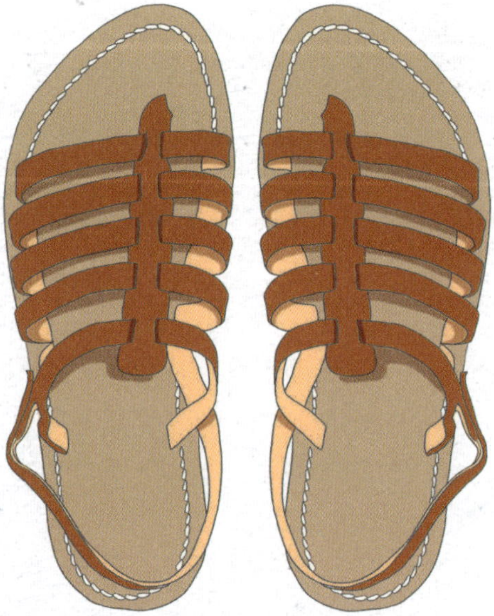

## Les sandales bijoux

L'été, on est censées avoir de jolis pieds manucurés et bronzés, l'occasion rêvée de les mettre en valeur avec une paire de sandales bijoux que l'on réserve pour le soir. Il vous en faudra forcément une paire pour traîner à l'apéro ou enflammer les pistes de danse des vacances.

→ ***Avec quoi les porter ?*** Une robe noire, les cheveux lâchés et rien d'autre, tout est dans la sandale !

→ ***Le modèle iconique :*** les modèles Giuseppe Zanotti.

## Les sandales hautes

Dans votre valise de vacances, il vous faudra une paire de sandales hautes, histoire de ne pas passer l'été en tongs et de vous faire jolie pour le soir. Pensez à sélectionner un modèle avec un petit patin sur le devant, pour être stable, sachant que le principe de la sandale est de laisser le pied découvert. Et qui dit pied découvert, dit moins de matière pour le stabiliser, et qui dit tout ça, dit qu'on peut se tordre facilement la cheville. Mais bon, ne voyons pas tout en noir, c'est l'été et on est optimistes !

→ ***Avec quoi les porter ?*** Avec un short en jean et une jolie chemise blanche.

→ ***Le modèle iconique :*** les Tribute de Saint Laurent.

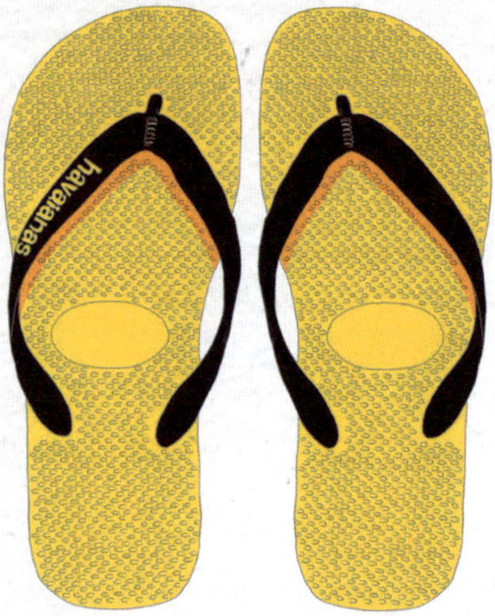


## Les tongs

Pas d'été sans tongs ! C'est comme ça. C'est pratique, ça s'enfile vite fait à la plage pour aller chercher des glaces, ça peut se mouiller puisque c'est en plastique et ça ne coûte pas grand-chose. En revanche, on ne cède pas à la facilité et on les réserve exclusivement au bord de mer : pas question de passer l'été dans ses tongs en plastique ! Faites un petit effort !

→ ***Avec quoi les porter ?*** Avec une tenue de plage : robe en coton, short en coton, à la cool uniquement.

→ ***Le modèle iconique :*** les Brasil d'Havaianas.

## Les espadrilles compensées

Si on veut allonger sa silhouette en été sans passer par la case pieds-gonflés-par la-chaleur-sur-talons-de-10 cm, une paire d'espadrilles compensées lacées sur la cheville sera le parfait compromis.

→ ***Avec quoi les porter ?*** Un boyfriend retroussé et une chemise blanche.

→ ***Le modèle iconique :*** les Carina de Castañer.

## Les espadrilles

L'espadrille plate peut être une alternative à la tong, bien plus féminine au bord de l'eau qu'en ville. On évite d'écraser le talon pour les porter en mules en dehors du cadre de la maison ! On les choisit à l'ancienne, marine ou écru, et on les jette à la fin de l'été car même Grace Kelly, ou la plus jolie des princesses, sent mauvais des pieds.

→ ***Avec quoi les porter ?*** Un pantalon chino retroussé et une grande chemise en coton bleu ciel.

→ ***Le modèle iconique :*** les modèles de Pare Gabia.

# Les bonnets, chapeaux et casquettes

## Été comme hiver, votre jolie tête aura besoin d'être protégée.

Du soleil, du vent, de la pluie, de la météo quoi ! Plutôt que de vous encombrer de cinq bonnets et dix chapeaux de paille tous plus ou moins les mêmes, ne sélectionnez que les indispensables. Ceux que vous mettrez avec l'ensemble de vos vêtements, simples et classiques. Et puis, le bon bonnet ou le chapeau approprié sont une vraie valeur ajoutée pour votre look !

NY

# Le bonnet

BONNET
PORTÉ BAS

Indispensable en hiver pour protéger sa tête du blizzard, du mistral et autres courants d'air ! On le choisit en cachemire, pour une chaleur et une douceur garanties. Il peut être très fin, à grosses côtes, torsadé ou surmonté d'un pompon. On choisit une couleur passe-partout : noir, gris, beige, marine, et on l'assortit à ses tenues.

→ ***Comment le porter ?*** Le bonnet se porte toujours un peu loose sur l'arrière et pas enfoncé jusqu'aux sourcils. On peut aussi lui faire un revers et, dans ce cas, on le choisit à côtes bleu marine pour jouer à fond la carte du petit marin !

BONNET À CÔTES
AVEC REVERS

# Le feutre

C'est le chapeau d'hiver ! Emprunté à la garde-robe masculine, il donne immédiatement du style à n'importe quelle tenue et peut s'avérer un précieux allié en cas de souci capillaire matinal ! On le choisit plutôt mou pour pouvoir le glisser dans son sac sans avoir peur qu'il se déforme. Il est en général en poils de lapin et laine.

→ ***Comment le porter ?*** Soit sur l'arrière du crâne s'il a des rebords courts – et c'est donc un trilby –, soit plus enfoncé sur le front s'il a des rebords plus grands – et il s'agit alors d'un fedora.

FEDORA

TRILBY

# Le chapeau de paille

Le chapeau de paille, c'est le chapeau d'été, celui des vacances, de la plage, du soleil. S'il fallait n'en choisir qu'un, ce serait sans hésiter un panama ! Tressé en palme ivoire et agrémenté d'un ruban la plupart du temps noir, il traverse les décennies avec toujours autant d'allure !

→ ***Comment le porter ?*** Bien enfoncé sur les sourcils et légèrement incliné sur le côté pour le côté mystérieux.

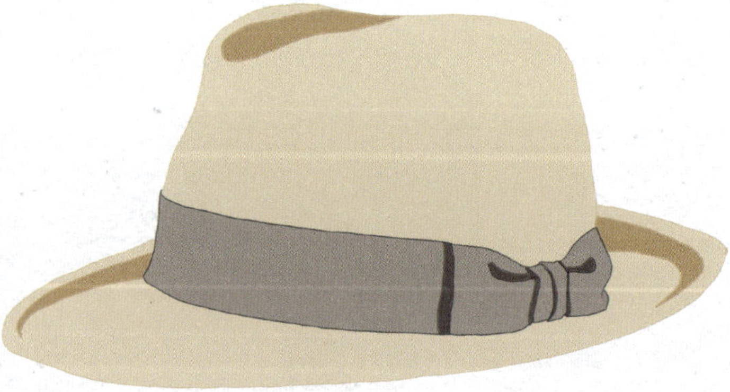

*LE SAVIEZ-VOUS ?*

## Viens-tu du Panamá, panama ?

Le chapeau panama, comme son nom ne l'indique pas, vient d'Équateur, où l'on retrouve sa trace 4 000 ans avant Jésus-Christ ! Au début du XXe siècle, les ouvriers équatoriens qui construisent le canal de Panamá se protègent du soleil sous ses larges rebords. Theodore Roosevelt, en visite sur le chantier, adopte ce chapeau, et c'est ainsi qu'il est baptisé *Panama Hat*. Aujourd'hui, un panama fabriqué dans les règles de l'art doit pouvoir se rouler sur lui-même et être mis dans une boîte tant il est fin. Il peut atteindre les 1 000 euros !

# La casquette US

Nous avons toutes un jour ou l'autre vissé une casquette US sur notre tête, de retour d'un voyage scolaire aux États-Unis, pour aller faire du sport ou pour traîner avec les copains du collège.
Aujourd'hui, la casquette est complètement revenue dans les vestiaires sport chics. Si on a eu la bonne idée de garder celle de notre adolescence, c'est parfait, on la ressort sans complexe ! Sinon, on s'en rachète une, car ça ne coûte pas très cher.

→ ***Comment la porter ?*** Bien enfoncée sur le front ; on lui associe des vêtements hyper-chics, comme un joli manteau, un blazer et, pourquoi pas, des talons !

# Les écharpes, pashminas et chèches

Pour compléter votre garde-robe,
il va falloir penser à habiller votre cou, pour vous protéger du froid, mais aussi pour agrémenter un look de soirée d'été.

# L'écharpe

Finies, les petites écharpes fines à franges ! Les écharpes d'aujourd'hui sont grandes et s'enroulent plusieurs fois autour du cou. Elles sont de préférence en cachemire pour être bien chaudes, moelleuses et imprégnées de votre parfum.

→ ***Avec quoi la porter ?*** Avec un grand bonnet coordonné et un gros manteau en laine.

→ ***Quelle couleur choisir ?*** On commence par une écharpe noire et on complète au gré de ses envies et besoins avec d'autres couleurs.

# Le pashmina

Moins imposant que la grosse écharpe, le pashmina a fait son apparition il y a déjà quelques années. C'est l'accessoire doudou par excellence ! Fluide, léger, mais incroyablement chaud, il donne une allure beaucoup plus chic et féminine qu'une grosse écharpe. En voyage, il vous servira de petite couverture.

→ ***Avec quoi le porter ?*** Un tailleur, une robe, un chemisier et toutes les matières trop fines qui contrasteraient avec une grosse écharpe.

→ ***Quelle couleur choisir ?*** Si l'on possède déjà une belle écharpe sombre, on complète avec un pashmina plus clair : gris, gris chiné, nude.

*BONUS !*

## D'où viens-tu, pashmina ?

« Pashmina » est un mot dérivé de *pashm*, qui signifie « laine » en persan. C'est une variante plus fine de la laine de cachemire. Produite par les chèvres des hauts plateaux d'Asie centrale, où les températures sont extrêmes, la laine de pashmina provient exclusivement du duvet incroyablement fin qui recouvre le cou et le ventre de ces chèvres tout au long de l'hiver. C'est au printemps que ce duvet précieux est tondu afin de confectionner des pashminas si fins qu'ils sont censés passer à travers une alliance. Le terme « pashmina » n'étant pas déposé, n'importe quelle écharpe en cachemire très fin est aujourd'hui considérée comme un pashmina. C'est l'énorme différence de prix qui vous mettra la puce à l'oreille en cas de doute entre un « vrai » ou un « faux » pashmina... Car un vrai pashmina coûte au minimum 500 euros !

# Le chèche

*LE SAVIEZ-VOUS ?*

**Les Touaregs**

Traditionnellement utilisé par les Touaregs pour se protéger de la chaleur, du sable et du froid, un chèche traditionnel peut mesurer jusqu'à 10 m pour s'enrouler au mieux tout autour du visage et du cou. Trempés dans une teinture bleu indigo, les chèches ont tendance à déteindre sur la peau des hommes du désert, ce qui leur a valu le surnom d'« hommes bleus ».

Le chèche, c'est l'écharpe de demi-saison et d'été. En coton plissé, on l'enroule autour de son cou quand on ne veut pas encore se découvrir ou qu'on a envie d'adopter une attitude de baroudeuse.

→ ***Avec quoi le porter ?***
Un débardeur, un short en jean et des spartiates.

→ ***Quelle couleur choisir ?***
Toutes les couleurs de l'arc-en-ciel ! Car aux beaux jours, on est censées avoir bonne mine. Imprimé léopard, bleu gitane, rose magenta, tout est permis, puisque c'est l'été !

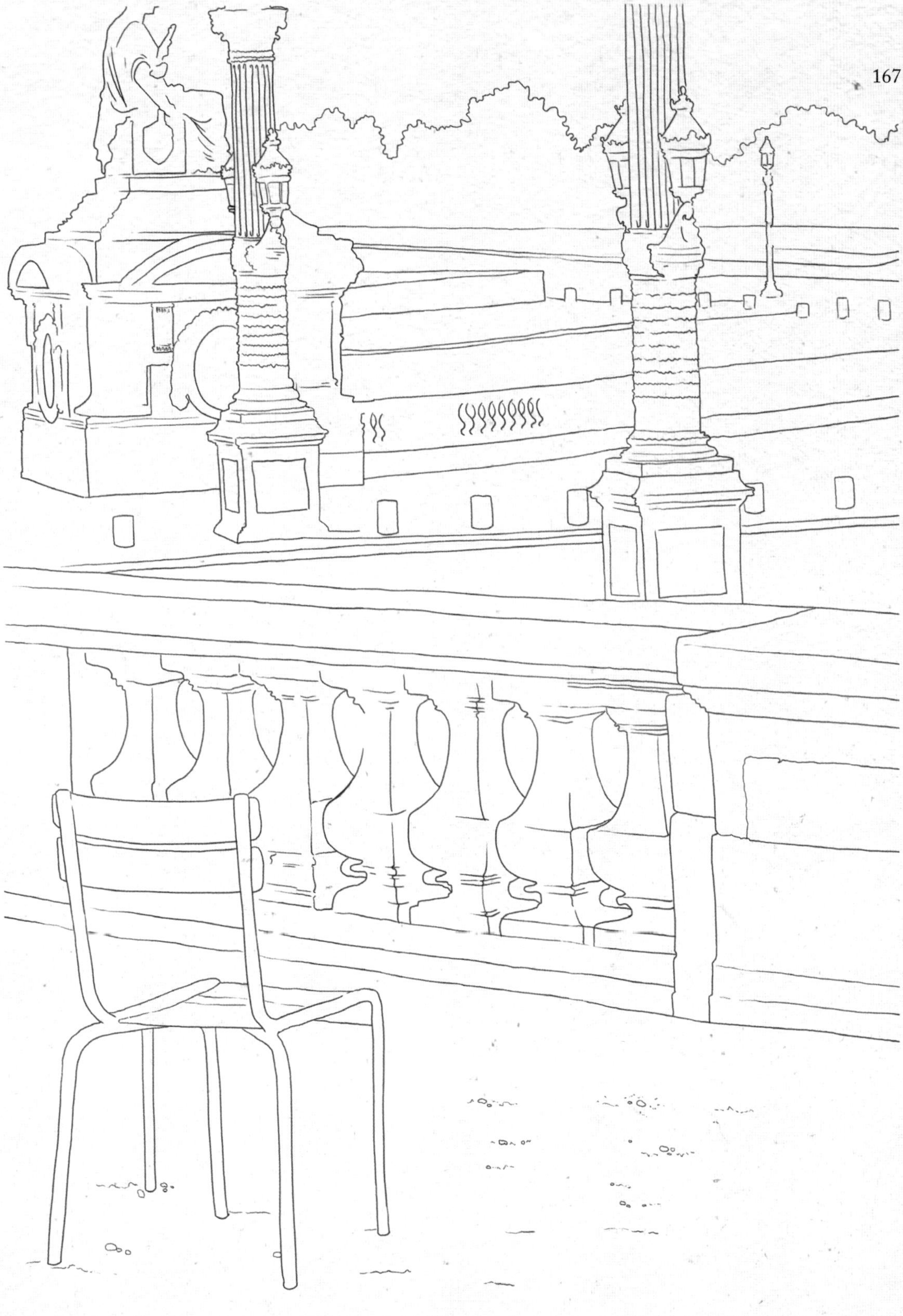

# Les dessous chics

## Pas de garde-robe parfaite sans un tiroir plein de dentelle, de Lycra, de coton.

Finis, les cœurs croisés de Playtex, ça fait belle lurette que les dessous se portent dessus, se montrent et s'assument au même titre qu'un joli bijou.
Alors ne négligez jamais votre lingerie ! Et ce, même si vous êtes célibataire…

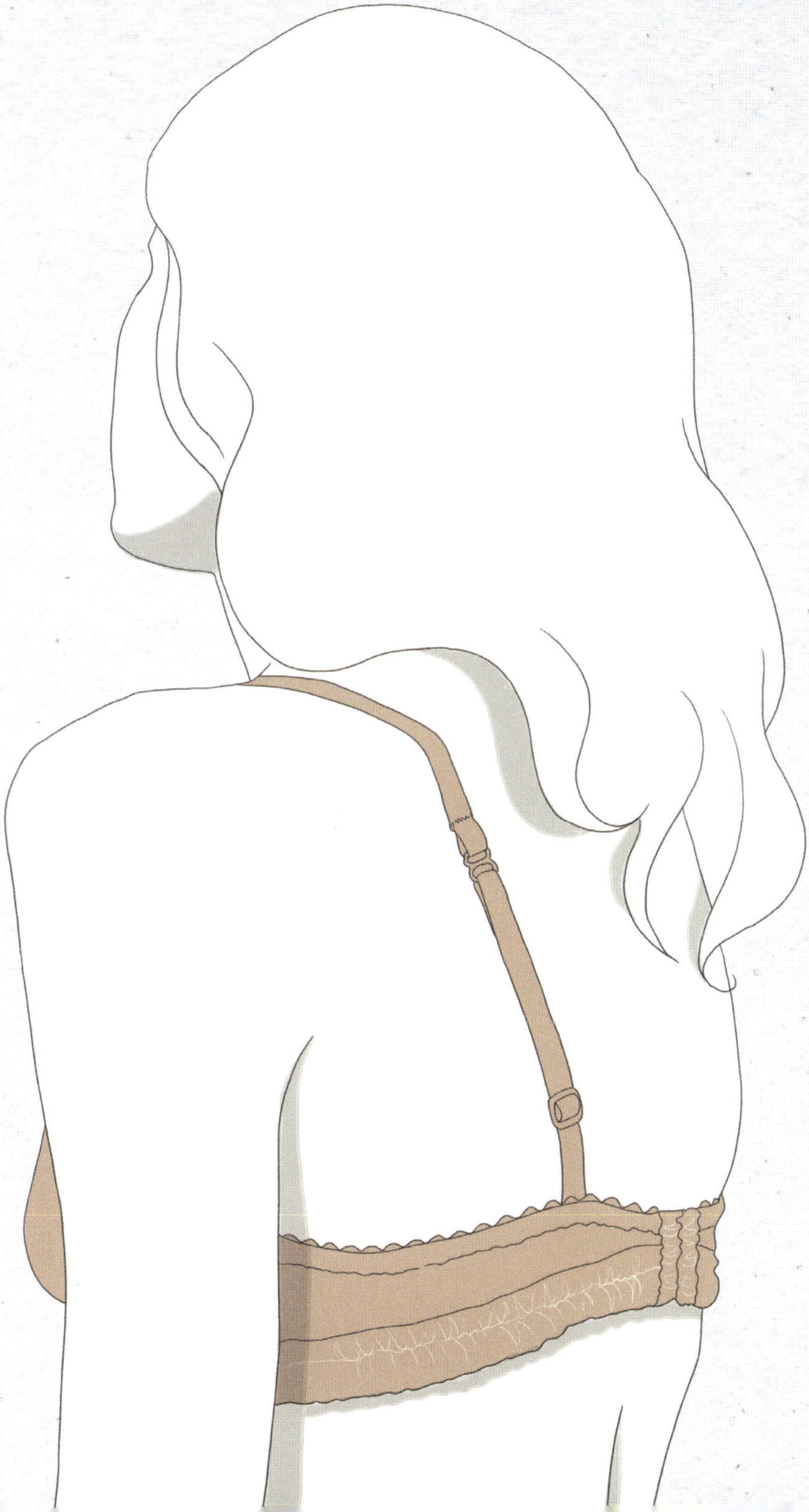

# Le soutien-gorge triangle sans armature

→ ***Pour qui ?*** Idéal pour les petites poitrines qui n'ont pas besoin d'un trop grand maintien.

→ ***Avec quoi le porter ?*** Il est le parfait compagnon de la chemise blanche. En transparence, on devine sa forme et sa matière hypersexy. En été, on le choisit de préférence ivoire ou dans des tons acidulés : grenadine, jaune citron, corail. En hiver, une jolie dentelle noire fera aussi son petit effet, y compris sous une chemise blanche.

→ ***À quoi l'assortir ?*** Un boxer ou un simple brésilien, idéal pour donner un côté rebondi aux fesses pulpeuses.

# Le soutien-gorge nude

→ ***Pour qui ?*** Il va à toutes les poitrines. Suivant sa taille et son besoin de maintien, on le choisit avec ou sans armatures.

→ ***Avec quoi le porter ?*** Ultra-confort, c'est l'allié des pulls en cachemire, mais aussi des tee-shirts et des chemises blancs, le nude, de la même couleur que la peau, étant invisible.

→ ***À quoi l'assortir ?*** Un string qui ne laissera aucune marque, ou un boxer taille basse en microfibres sans coutures, qui ne laissera lui non plus aucune trace.

# Le soutien-gorge bandeau

→ ***Pour qui ?*** Pour les poitrines menues jusqu'au bonnet B. Les autres auront besoin de bretelles pour un meilleur soutien.

→ ***Avec quoi le porter ?*** Il est parfait avec des vêtements à fines bretelles : débardeurs, robes ou bustiers. Veillez à ce que votre bandeau soit doublé de bandes plastifiées légèrement collantes afin qu'il ne glisse pas au bout d'une heure !

→ ***À quoi l'assortir ?*** Un shorty taille basse.

## Le body

→ ***Pour qui ?*** Pour toutes ! On le prend avec ou sans armatures selon les besoins de sa poitrine, idéalement gainant pour affiner une silhouette. Veillez à ce qu'il ait des petits boutons à l'entrejambe, bien pratiques en cas de pause… Enfin, on se comprend !

→ ***Avec quoi le porter ?*** Une robe et, pourquoi pas, un jean : il empêche même qu'on voie nos fesses quand on se baisse avec notre taille basse ! C'est l'allié des hivers qui s'éternisent.

## La combinaison

C'est un peu la pièce de lingerie qu'on regarde le soir avec envie, mais qu'on laisse de côté pour enfiler un vieux tee-shirt. En tout cas, portée sous une robe portefeuille, elle est suprachic, et on peut même la mettre sous un trench avec une paire d'escarpins pour se la jouer très dolce vita avec une grosse paire de lunettes noires.

# Les chaussettes et collants

Pour une garde-robe parfaite, il faut aussi miser sur des jolies chaussettes et, par extension, sur des collants et des bas.

Inutile de préciser que les chaussettes « cartoon », rayées de toutes les couleurs ou à pois vert fluo ne font rire que vous, tout au plus vos enfants. Le meilleur conseil, c'est de rester sobre !

# Les chaussettes

### → *Les chaussettes qu'il vous faut pour être tranquille*

– 2 paires en fil d'Écosse noires + 2 paires en fil d'Écosse anthracites, pour porter avec toutes vos chaussures de ville : derbies, boots, bottes.

– 2 paires de mi-bas noirs opaques, pour porter avec vos escarpins et ballerines et, toujours, vos chaussures fines.

– 2 paires de socquettes courtes fantaisie en Lurex ou de couleur – bleu pétrole, aubergine, vert émeraude –, pour porter avec des escarpins, des sandales ouvertes en hiver et des ballerines.

– 1 paire de grosses chaussettes en laine chinée grises ou beiges, pour rester à la maison, en accordéon sur les chevilles (c'est toujours plus glamour qu'une paire de charentaises…), et, les jours de grand froid, à enfiler dans des bottes ou une paire de baskets type Stan Smith.

– 4 paires de chaussettes en coton pour l'été, noires, marines, nude, blanches, pour porter avec vos baskets en toile.

*BONUS !*

**Conseil en or**

Achetez toujours le même modèle et les mêmes couleurs. Au moins, vous ne vivrez pas la tragédie de la chaussette orpheline chaque fois que vous trierez votre linge propre !

# Les collants

### → *Les collants qu'il vous faut pour être tranquille*

– 2 paires de collants opaques noirs, pour tous les jours, en jupe ou en robe noire.

– 4 paires de collants en voile (oui, ça se file en une seconde, ces trucs-là ! Donc, on est prévoyante et on en prend toujours une paire de rechange avec soi), pour le soir ; c'est plus féminin et moins casual que des collants opaques.

– 1 paire de collants fantaisie. Si les collants résille ont eu pas mal de succès il y a quelques saisons, misez désormais sur des collants plumetis, plus mignons et moins connotés sexy que les résilles. Vous les porterez le soir avec une robe noire et une jolie paire d'escarpins.

# Les ceintures, foulards et lunettes de soleil

On ne fait surtout pas l'impasse sur les ceintures, les foulards et les lunettes de soleil, que nous avons décidé de classer ensemble, car on les retrouve souvent dans le même tiroir d'une commode !

# Les ceintures

Ça fait longtemps que la ceintures a quitté sa vocation première, qui était de retenir un pantalon trop grand ! Aujourd'hui, c'est un véritable accessoire de mode, qui vient compléter et aboutir une tenue.

→ ***Les ceintures qu'il vous faut***
– Une ceinture noire, fine, à porter avec vos pantalons cigarettes.
– Une ceinture camel, caramel ou marron clair, un peu plus épaisse, parfaite avec un jean, pour accompagner vos tenues casual chics.
– Une ceinture tressée naturelle pour l'été, avec un short en jean ou un chino en toile.

# Les foulards

Il faudrait toujours avoir un foulard en soie dans son tiroir ! De préférence imprimé. En hiver, dans les tons noir, blanc et or. L'été, on se tourne vers le turquoise, le rose et le vert émeraude.

→ ***Comment les porter ?***
– Autour du cou, pour rendre chic un tee-shirt blanc tout simple.
– En ceinture, on glisse son foulard entre les passants et on le noue sur le devant.
– En bandeau, façon Grace Kelly accompagné de grandes lunettes glamour, ou version hippie/pirate des Caraïbes recouvrant la tête et noué dans le cou.

# Les lunettes de soleil

Une paire de lunettes de soleil vous protège des rayons, masque vos yeux les jours de cernes trop appuyés et instaure une barrière de sécurité entre vous et le reste du monde les jours où vous n'avez simplement pas envie. Bref, il vous en faut de toute urgence !

→ ***Les modèles qu'il vous faut***

**Les Wayfarer de Ray-Ban :** on les choisit noires pour un look rock.
**L'icône mode :** Kate Moss.

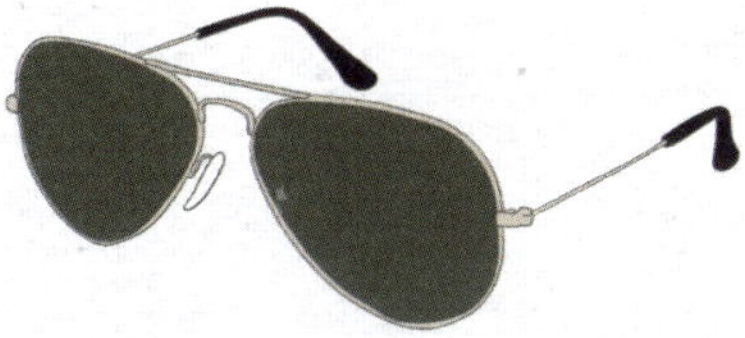

**Les Aviator de Ray-Ban :** légères et agréables à porter, elles sont indémodables et vont à tous les visages. On les choisit dorées avec les verres légèrement verts.
**Les icônes mode :** Nicolas Sarkozy, bon OK, ou Tom Cruise dans *Top Gun*.

**Les lunettes en écaille Persol :** indémodables depuis les années 1960. L'écaille ressort très bien sur les blondes notamment.
**L'icône mode :** Steve McQueen.

**Les lunettes glamour :** démesurées, elles vous donneront tout de suite une allure de star américaine, et on aime bien l'idée ! Attention aux marques de bronzage à la plage quand même… Mieux vaut avoir une petite paire de rechange pour la plage avec un bon indice de protection et ne sortir ses lunettes glamour qu'en ville.
**L'icône mode :** Rihanna.

# Les sacs

## Le sac à main d'une femme peut être un bordel sans nom ou millimétré au carré, vide ou plein à craquer, lourd ou ultraléger, tout petit ou au contraire immense.

On y glisse sa vie : clés, mouchoirs, trousse de maquillage, bouquins, factures, agenda, téléphone, portefeuille, bonbons, bouteille d'eau, chaussures de rechange et 1 001 autres petites choses indispensables, comme ce vieux dollar porte-bonheur ou ce marron ramassé par votre enfant/mari/chien et dont vous ne pouvez pas vous séparer !
Tout ça pour dire que toutes les femmes possèdent au moins un sac à main. Et qu'un joli sac et de jolies chaussures, c'est bien connu, ça vous sauve n'importe quelle tenue archi-basique !
Voyons donc, en fonction de votre mode de vie, de vos habitudes et de vos besoins, quel sac vous correspond le mieux.

*ON SE COUCHERA MOINS BÊTES*

**QU'EST-CE QU'UN IT-BAG ?**

C'est un peu le sac du moment, celui que l'on voit suspendu au bras de toutes les it-girls de la planète mode. Les grandes maisons se battent pour que leurs derniers modèles soient photographiés sur Sienna Miller, Kate Moss, Rihanna, Victoria Beckham ou Nicole Richie… Vitrine gratuite et succès assuré en boutique ! La plupart des it-bags ont même un petit nom bien connu des addicts ! Le Billy de Jérôme Dreyfuss, le Speedy de Vuitton, le Diorissimo de Dior, etc.

# Le sac besace

Indispensable pour commencer, le sac besace est le modèle à avoir impérativement. On le porte en bandoulière, ce qui permet de garder les bras libres. Pratique donc. De moyenne contenance, il est parfait pour tous les jours, on y glisse son agenda, ses clés, une trousse à maquillage… Sa vie en somme !
On le choisit de préférence en cuir noir ou marron pour l'hiver. En été, on mise sur de la toile, peu importe la couleur, on peut même se permettre de l'imprimé.

→ ***À quelle occasion le porter ?***
Au quotidien, pour aller bosser ou en virée shopping avec ses copines. On le porte aussi quand on a des enfants en bas âge : bien calé sur les hanches, il permet d'avoir les mains libres et donc d'intervenir rapidement en cas de cassage de figure inattendu.

→ ***Le modèle iconique :***
le Messenger Bag d'Yves Saint Laurent.

*ON SE COUCHERA MOINS BÊTES*

**Upgradez votre sac**

N'hésitez pas à accessoiriser votre sac. On peut nouer un foulard en soie autour des anses d'un sac un peu trop strict pour le rendre plus cool, on peut y suspendre des gris-gris ou des porte-clés. On peut aussi piquer des badges sur la toile d'un sac d'été. Les Japonaises sont folles de ce genre de customisations, soyez donc un peu kawaï vous aussi sur ce coup !

## Le cabas

Directement inspiré des cabas de marché, c'est un sac rectangulaire avec deux petites anses. Super-pratique parce que de grande contenance, il ne permet néanmoins pas d'avoir les deux mains libres.

→ ***À quelle occasion le porter ?*** Pour aller au bureau. La plupart des cabas sont volontairement au format A4, on y met donc ses dossiers et ses pochettes, et c'est bien plus glamour qu'un attaché-case !

→ ***Le modèle iconique :*** le cabas bicolore en agneau de Céline.

## Le fourre-tout

C'est le sac des adeptes des grands sacs, celles qui ne peuvent pas sortir de chez elles sans la moitié de leur maison à portée de main. On le choisit bien mou, en cuir de préférence, plus chic et plus résistant dans le temps. On pense à glisser plusieurs pochettes à l'intérieur pour accéder plus facilement à ce qu'on cherche. Cependant, un trop grand sac peut aussi s'avérer la chose la moins pratique qui soit. Brasser une demi-heure le fouillis d'un sac trop plein pour s'apercevoir que les clés sont dans notre poche, on l'a toutes vécu au moins une fois !

→ ***À quelle occasion le porter ?*** Au quotidien, et on le transforme en sac de week-end dès que l'envie de faire un break se fait sentir.

→ ***Le modèle iconique :*** le Birkin d'Hermès.

# Le sac classique

C'est le sac de toute une vie. Celui dans lequel on investit et que l'on transmettra à nos filles ou belles-filles : le classique de Chanel. Anses en chaînes dorées ou argentées et cuir noir de préférence, pour ne jamais s'en lasser. Et si on n'a pas les moyens, on peut s'offrir, non pas une copie parce que c'est mal, mais un modèle très largement inspiré…

→ ***À quelle occasion le porter ?*** Il vous suivra en toute occasion, en jean et baskets le week-end, pour sortir le soir, pour un mariage…

→ ***Le modèle iconique :*** le classique et le 2.55 de Chanel.

# La pochette du soir

Le soir, on n'est pas obligée de s'encombrer. Un rouge à lèvres, une carte bleue, les clés de la maison, le portable et c'est parti ! Du coup, on peut glisser sous son bras une jolie pochette habillée en cuir ou en soie, imprimée ou unie, avec ou sans sequins… Le soir, n'hésitez pas à vous amuser avec les textures et les couleurs.

→ ***À quelle occasion la porter ?*** Pour un cocktail, un dîner, une soirée chez des amis, une virée en boîte de nuit, bref, tout ce qui se passe après 19 h 30 !

→ ***Le modèle iconique :*** la pochette Fendi.

# Le panier de marché

Le plus économique de tous et pourtant indéboulonnable ! Le panier de marché, c'est le sac des vacances par excellence ! En osier, avec de petites anses en cuir, on le choisit dans sa couleur originelle : paille. On peut lui accrocher un bandana, un foulard ou un paréo pas trop grand pour le rendre un peu moins « brut ».

### → *À quelle occasion le porter ?*

Le matin pour son usage initial, au marché donc. On y glisse tomates-cerises et nectarines. L'après-midi, c'est un sac de plage, avec serviette, crème solaire et un bon bouquin !

*LE SAVIEZ-VOUS ?*

**Dois-je forcément assortir mon sac à main à mes chaussures ?**

La réponse est claire, nette et précise : NON ! En mode, ce qui compte, c'est l'attitude, rien ne doit être figé. Faites comme vous le sentez ! Une paire de baskets peut parfaitement s'assortir à un sac Chanel, et un cabas de marché à de jolis escarpins. On ne vous le répétera jamais assez : éclatez-vous !

# Les bijoux

## Toutes les femmes aiment les bijoux…

Des diamants aux bracelets brésiliens en passant par les bagues, les colliers, les boucles d'oreilles… on aime tout !
Partons du principe que les bijoux classiques en or ou en diamants – alliance, bague de fiançailles, chaîne très fine… – entrent d'office dans notre liste d'indispensables et ne nous attardons que sur les bijoux fantaisie.

# Les boucles d'oreilles

→ ***Les bijoux qu'il vous faut***

**Une paire de dormeuses plumes :** on peut choisir de porter la paire ou bien une seule à la fois. Parfaites en été avec une tenue hippie chic.
**La marque iconique :** Luj.

# Les colliers

→ ***Les bijoux qu'il vous faut***

**Un sautoir en perles :** à porter bien long dans le décolleté d'une chemise ou sur une robe noire. Et tout est permis, des perles noires ou en couleur !
**La marque iconique :** Balaboosté.

*ON SE COUCHERA MOINS BÊTES*

**Petite astuce**

Attachez-lui un ruban de satin un peu effiloché, effet Chanel assuré !

# Les bracelets

### → *Les bijoux qu'il vous faut*

**Le bracelet brésilien :** ce bijou en fil de coton de notre adolescence revient en force ! L'idée, c'est d'en nouer des dizaines à son poignet et de faire plein de vœux qui ne passeront pas l'été !
**La marque iconique :** Hipanema.

**Le bracelet manchette :** épais et en cuir, le bracelet manchette se découvre en retroussant une manche de son blazer. À porter seul ou associé à d'autres modèles.
**Le bracelet iconique :** le Médor d'Hermès.

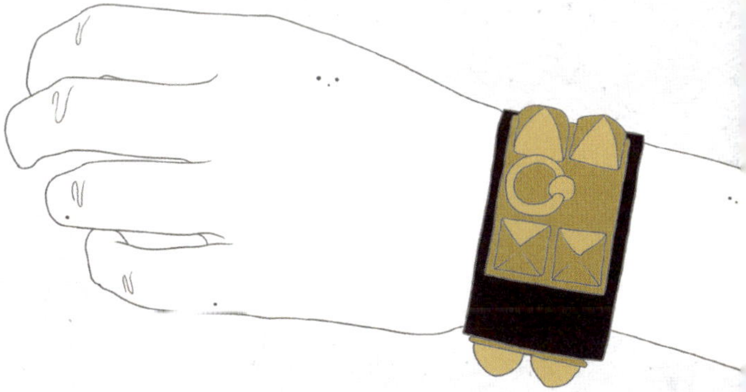

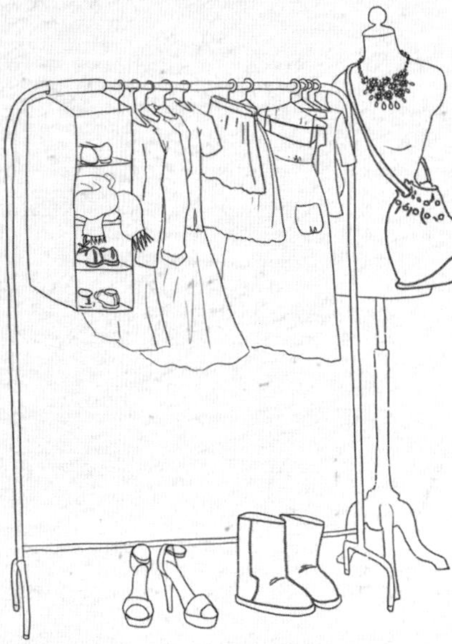



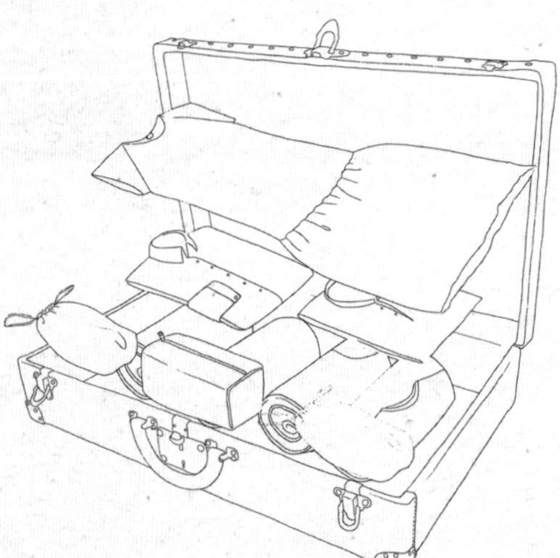



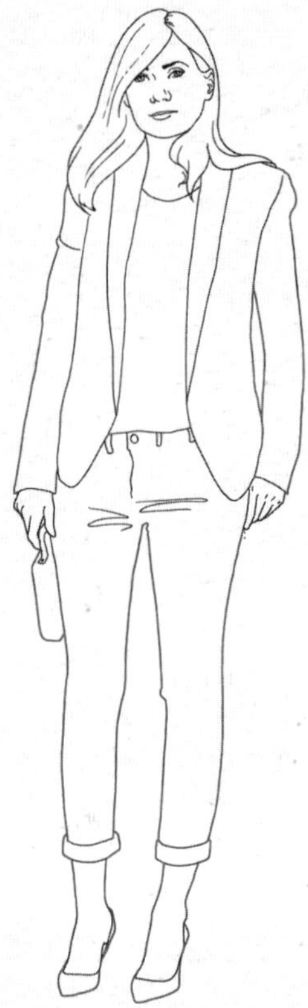



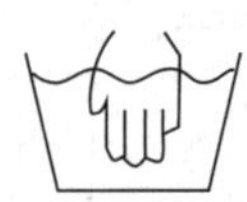

*3e Partie*

# DERNIERS CONSEILS

## Et voilà, nous arrivons au terme de notre livre,

et, comme nous, vous avez probablement griffonné sur des Post-it et dans vos petits carnets une multitude d'idées.
Des idées qui, on le sait toutes, nous viennent à midi et nous poursuivent tard dans la nuit ! D'ailleurs, et on ne le dira jamais assez, une insomnie disparaît si vite une fois notre numéro de carte bleue envoyée aux quatre coins de la Terre pour assouvir une envie pressante de chaussures et de foulards !
Mais, hélas, à moins d'avoir trois comptes en Suisse ou un dans les îles Caïmans, il va falloir faire preuve de malice pour ne pas fermer ce livre et se sentir frustrée !
Une fois de plus, nous avons des solutions : ranger son dressing, revendre, savoir préparer sa valise, inventer de nouvelles tenues à partir de quelques basiques bien choisis… Voici pour vous nos derniers conseils pratiques.

# Le tri du dressing

Vous avez pris une RTT, ou bien c'est le début d'un long week-end et vous n'avez rien de prévu.

Ça tombe bien, vous allez pouvoir vous atteler au grand rangement de votre armoire !
Résultat, lundi, vous y verrez plus clair et vous allez même trouver de nouvelles choses à vous mettre sans avoir fait flamber votre carte bleue !

# On jette

Vous pensez sérieusement que vous allez encore porter ce tee-shirt noir dont la couleur est complètement passée et cette chemise tellement mal ajustée que vous prenez au moins 4 kg rien qu'en passant la tête dans l'encolure ?
Pour être efficace, vous allez trier vos vêtements devant un miroir, en tee-shirt et en culotte. Réessayez tous ceux dont vous doutez.

## À jeter sans aucun regret

→ ***Les tee-shirts blancs jaunis.***

→ ***Les pantalons qui vous font de grosses fesses ou des fesses plates.***

→ ***Les habits tachés que vous êtes sûre de ne jamais pouvoir rattraper.***

→ ***Les vieux tee-shirts de votre prépa d'école de commerce.***

→ ***Les vieux accessoires : chaussures aux talons complètement usés, baskets qui sentent mauvais…***

→ ***Les pulls qui boulochent.***

→ ***Les sous-vêtements complètement détendus qui ne soutiennent donc plus rien.***

→ ***Les collants et chaussettes troués.***

Après ça, vous aurez gagné deux étagères, ou bien des tiroirs, qui vous serviront ensuite à ranger vos nouvelles acquisitions !

# On donne

Il y a au moins six mois que vous regardez ce pantalon noir que vous porterez quand vous aurez perdu une taille ! Malheureusement, ce n'est pas arrivé. Il est donc temps de donner cette pièce de votre dressing qui va devenir vintage si ça continue !
Attention, vous devez faire le tri entre ce que vous allez donner (car le vêtement ne vaudra pas grand-chose sur un site de revente) et ce que vous pourrez monnayer (cf. la revente des vêtements, page suivante) !
Si vous hésitez à donner vos vêtements, sachez que cela peut 1) créer des emplois et 2) leur permettre de commencer une deuxième vie solidaire.

## Les pièces à donner

**→ *Les petites pièces de chez Zara, H&M and co... Attention, dans le cas de H&M, les collections qui ont été créées par des stylistes renommés pour des collections capsules se revendent très bien.***

**→ *Des vêtements jamais portés en XS, que l'on regarde avec envie chaque jour – ce qui, au final, est plutôt contre-productif, déprimant et le meilleur moyen pour continuer à manger de manière compulsive !***

**→ *Des vêtements un peu « passés de mode ».***

**→ *Des anoraks, doudounes, gros pulls, après-ski qui prennent une place folle alors que l'on n'a pas testé la poudreuse depuis au moins cinq ans.***

## Où donner ?

– Les relais vêtements : ces conteneurs à vêtements sont très pratiques pour déposer ceux dont vous ne voulez plus et qui ne valent malheureusement plus grand-chose. On en trouve dans toute la France.
http://lerelais.org/
– Emmaüs : www.emmaus-france.org
– La Croix-Rouge française : www.croix-rouge.fr
– Le Secours populaire : www.secourspopulaire.fr

# On revend

*LE SAVIEZ-VOUS ?*

**Le matériel top du rangement**

Les meilleures adresses pour trouver tout le nécessaire à rangement : boîtes en plastique, boîtes à chaussures, compartiments pour tiroirs...

- Ikea : www.ikea.com/fr/
- Muji : www.muji.fr

**Si on a la flemme et si l'on manque de temps**

On fait appel à une styliste du rangement. Elle vient chez vous et transforme votre dressing en pièce fonctionnelle et très jolie à regarder !
Les armoires by Elisa : lesarmoiresbyelisa.com

Vous vous êtes encore fourvoyée, un jour de grosse déprime, en achetant cette robe ultra-transparente en espérant reconquérir votre ex, qui n'est jamais revenu et vous a permis de faire connaissance avec votre nouveau conseiller bancaire après cet achat irraisonné.
Il ne vous reste qu'une seule solution : récupérer une partie de la somme. Pour cela, il suffit de revendre sur les bons sites.

## Le site le plus chic

Ça tombe bien, votre robe est griffée et jamais portée. Le mieux est de commencer à la prendre en photo sous toutes les coutures et de vous inscrire sur le site de Vestiaire Collective (www.vestiairecollective.fr) afin de la proposer à la vente. Vous en demandez la somme que vous souhaitez et, si celle-ci semble surestimée, vous recevrez un mail pour réajuster votre prix.

→ ***À savoir :*** ce genre de site est spécialisé dans le luxe, mais pas seulement. Tout ce qui porte une étiquette Maje, Sandro, Isabel Marant, etc. se revend très bien et très vite.

## Le site le plus friendly

Vous pouvez organiser un vide-dressing avec vos copines et brader vos vêtements autour d'un verre ! Vous pouvez aussi participer à des vide-greniers organisés dans votre ville. Vous ne ferez pas fortune, mais au moins vous aurez trié !
Toutes les infos ville par ville : www.vide-greniers.org

# On réorganise

Ca y est, le tri est fait ! Si tout va bien, vos étagères sont vides et vos cintres pendouillent, seuls, en attendant de reprendre du service. C'est parti pour le rangement !

## On range

Voici quelques petits trucs pour réorganier votre armoire et vos tiroirs en deux temps, trois mouvements !

### → *On redonne un coup de jeune à son armoire*

Après un coup d'aspirateur, on colle un nouveau papier autocollant sur les planches de son armoire, ou bien on repeint le fond d'une jolie couleur. L'idée, c'est que cela vous donne envie chaque jour de vous habiller et que vous ne déprimiez plus en pensant que vous n'avez rien à vous mettre !

### → *On organise par saisons*

Indispensable pour s'y retrouver : on trie un minimum ses vêtements par saisons. On range ce qui ne servira à rien dans les six prochains mois dans une malle en plastique ou une housse de rangement sous vide que l'on glissera sous son lit. Comme ça, en cas de grande nécessité comme un week-end impromptu au soleil, on récupère ses tuniques en deux minutes.

### → *On réaménage son armoire*

On la divise en deux parties.

- D'un côté, ce qui se plie : on trie par couleurs ou par formes. Sachez que l'on peut plier un grand nombre de choses dans des tiroirs ou sur des étagères, même des jeans !

- De l'autre, ce qui se pend : on pend par tailles de vêtements, en partant du plus grand sur la gauche jusqu'au plus petit. Autrement dit, les manteaux à gauche et les jupes à droite.

### → *Astuce*

On ne pend qu'un vêtement par cintre, ce qui permettra de ne pas oublier cette petite jupe boule sympa auparavant planquée sous une veste noire !

# Faites vos bagages !

## Que l'on parte pour un long week-end à Rome ou trois semaines au Népal, on a toujours un mal fou à préparer sa valise.

Soucieuses de ne pas se voir taxer pour excédent de bagages, mais malgré tout légèrement stressées à l'idée de manquer d'une paire de chaussures, on rêve toutes de pouvoir partir avec notre dressing dans son intégralité.
Pourtant, pour voyager léger, il existe de nombreuses solutions.

# Une valise vraiment efficace

Pour commencer, on établit une bonne fois pour toutes une liste des vêtements nécessaires et indispensables que l'on emportera avec soi quelles que soient la durée et la destination des vacances, et on n'oublie pas un tube de lessive à la main pour pouvoir laver ses vêtements favoris !
Il suffit ensuite d'ajouter quelques vêtements « superflus », qui serviront si vraiment on a peur de se lasser !

## Le brainstorming

On commence tout d'abord par ouvrir les portes de son armoire, s'asseoir sur le bord de son lit et se poser quelques questions essentielles :
– De quelle sorte de vêtements vais-je avoir besoin ?
– Vais-je pouvoir laver ou faire laver mes affaires ? Si oui, on se limite vraiment au strict minimum !
– Quelle est la limite de poids par bagage ? C'est simple, c'est de moins en moins, donc attention !
– On fait preuve d'honnêteté et on se remémore la valise pleine de vêtements inutiles de l'été dernier qui ne nous ont servi à rien.
– On checke évidemment les prévisions météo.

→ ***On fait preuve de bon sens :*** on ne porte pas de sandales à talons quand il fait 35 °C, pour la simple et bonne raison que notre pied gonfle et ne rentre pas dans notre paire de sandales à lanières ; ensuite, un seul jean suffit quand il fait chaud, car ça colle et ce n'est pas du tout agréable à porter.

# CHECK-LIST

## pour des vacances printanières ou estivales

### VÊTEMENTS

- 1 SWEAT ZIPPÉ
- 1 CACHEMIRE OU 1 SWEAT
- 1 VESTE MILITAIRE OU 1 PARKA LÉGÈRE
- 1 CHEMISE EN JEAN
- 1 CHEMISE BLANCHE EN COTON
- 2 MAILLOTS DE BAIN
- DES TEE-SHIRTS LOOSE
- 2 PETITES ROBES
- 1 JEAN
- 1 PANTALON 7/8[E] OU 1 CHINO LÉGER DE COULEUR

### SOUS-VÊTEMENTS

- 1 SOUTIEN-GORGE CHAIR
- 1 SOUTIEN-GORGE DE COULEUR
- 1 SOUTIEN-GORGE NOIR
- DES CULOTTES EN FIBRES QUI SÈCHENT TRÈS VITE
- 3 PAIRES DE CHAUSSETTES, DONT UNE PETITE PAIRE À CAMOUFLER DANS SES BASKETS EN CAS DE MARCHE EN VILLE

### CHAUSSURES

- 1 PAIRE DE BASKETS
- 1 PAIRE DE TALONS
- 1 PAIRE DE SANDALES PLATES

## MAQUILLAGE

- 1 ROUGE À LÈVRES ROUGE
- 1 CRAYON EYE-LINER
- 1 CRAYON FARD À PAUPIÈRES
- 1 MASCARA

## TROUSSE DE BEAUTÉ

ON MISE TOUT SUR LES PETITS FORMATS, VOIRE LES ÉCHANTILLONS.

- 1 EAU MICELLAIRE
- DU COTON
- DES COTONS-TIGES
- 1 BB CRÈME
- 1 STICK À LÈVRES
- 2 OU 3 MINIVERNIS
- 1 BROSSE À DENTS
- 1 BROSSE À CHEVEUX
- DES RASOIRS OU DE LA CRÈME DÉPILATOIRE
- 1 CRÈME SOLAIRE

FOURNI PAR L'HÔTEL OU À ACHETER SUR PLACE : SHAMPOOING, DENTIFRICE, GEL DOUCHE…

## LES ACCESSOIRES

### HIGH-TECH

- 1 TROUSSE AVEC TOUS LES CÂBLES : SMARTPHONE, IPAD, RECHARGE APPAREIL PHOTO
- 1 CÂBLE POUR DÉCHARGER LES PHOTOS SUR SA TABLETTE OU 1 CLÉ USB
- 1 APPAREIL PHOTO

### PLAGE

- 1 DRAP DE PLAGE OU 1 PARÉO
- DES LUNETTES DE SOLEIL
- 1 PANIER DE PLAGE
- 1 CHAPEAU DE PAILLE

### RANGEMENT

- 1 SAC DE LINGE SALE
- 1 SAC POUR LES SOUS-VÊTEMENTS
- DES HOUSSES POUR CHAUSSURES (IL Y EN A DE TRÈS BIEN DANS LES MAGASINS DE SPORT)
- 1 BESACE HYPRA-LÉGÈRE
- 1 SAC QUI SE PLIE DANS LA VALISE POUR RAPPORTER PLEIN DE SOUVENIRS

### TRANSPORT

- 1 POCHETTE EN TISSU AVEC BILLETS, PASSEPORT ET TÉLÉPHONE À PORTÉE DE MAIN
- 1 PETIT LUTIN AVEC TOUTES LES RÉSERVATIONS IMPRIMÉES (HÔTEL, VOITURE, PHOTOCOPIES DES PAPIERS D'IDENTITÉ)

## J'organise ma valise

→ ***Astuces :*** on met, bien entendu, les vêtements dont on va avoir besoin à son arrivée au-dessus ou, encore mieux, dans son bagage à main !

Pour bien préparer sa valise, il faut travailler par couches. Voici des idées pour maximiser la place et à ne pas avoir à déballer une tonne de vêtements (du fond de la valise au couvercle) :

1 • Vêtements à rouler : jeans, serviettes, tee-shirts…
2 • Vêtements à plier : chemises, tuniques.
3 • Vêtements étendus dans toute la largeur : pantalons plus fragiles, robes…
4 • Dans les coins et sur le dessus : accessoires, sous-vêtements, chaussures dans des pochettes.

Une fois votre valise terminée, refaites un petit tri vite fait, élaguez et recommencez tout depuis le début si nécessaire, mais, surtout, ne rajoutez rien !

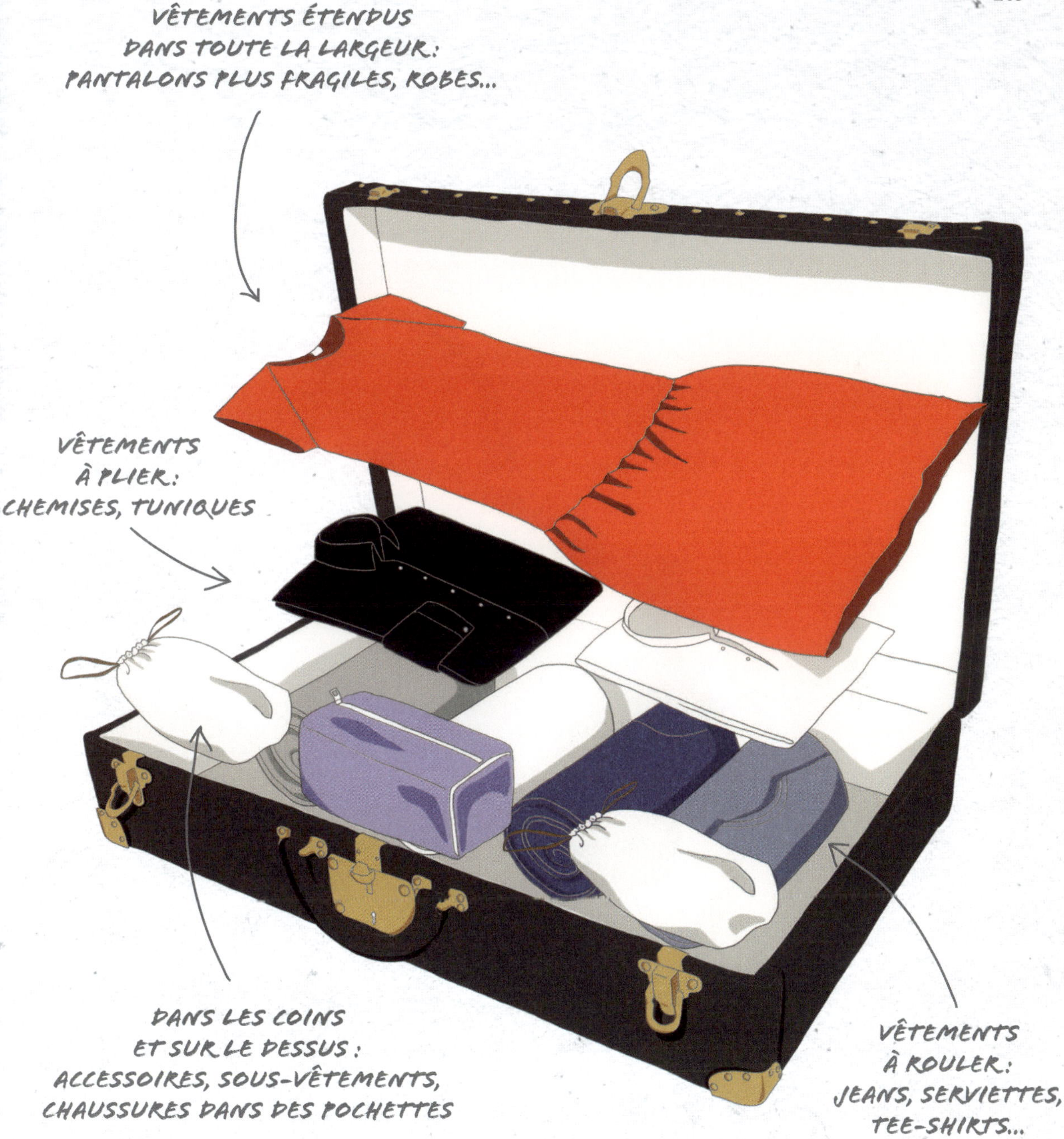
VÊTEMENTS ÉTENDUS
DANS TOUTE LA LARGEUR :
PANTALONS PLUS FRAGILES, ROBES...
VÊTEMENTS
À PLIER :
CHEMISES, TUNIQUES
DANS LES COINS
ET SUR LE DESSUS :
ACCESSOIRES, SOUS-VÊTEMENTS,
CHAUSSURES DANS DES POCHETTES
VÊTEMENTS
À ROULER :
JEANS, SERVIETTES,
TEE-SHIRTS...

# Le bagage à main de survie

*LE SAVIEZ-VOUS ?*

## Un site pour vous aider

Le spécialiste du bagage de luxe Louis Vuitton nous donne plein d'astuces sur son site, dans la rubrique « L'art de faire sa valise ». Hyper-efficace pour apprendre comment plier une veste pour qu'elle ne prenne pas de place. www.louisvuitton.fr puis aller dans « Collections/ Femmes/Voyage ».

## Une appli très utile pour voyager

L'appli « Packing » est idéale pour préparer et enregistrer des listes de vêtements à emporter et à réactualiser en rentrant pour enlever ce qui n'était vraiment pas nécessaire. www.applestore.fr

Avec un sac à main aussi bien rempli que celui que nous vous conseillons de préparer, vous êtes parée à toute éventualité !

1- APPAREIL PHOTO, CHARGEUR, CARTE MÉMOIRE. 2-PASSEPORT, BILLET D'AVION. 3-ORDONNANCES. 4-NETTOYANT À MAINS. 5-BROSSE À DENTS DE VOYAGE. 6-PARACÉTAMOL. 7-GUIDE DE VOYAGE. 8-PETIT CARNET. 9-LINGETTES POUR LE VISAGE. 10-BROSSE À CHEVEUX. 11-TROUSSE DE MAQUILLAGE RÉDUITE AU STRICT NÉCESSAIRE (BB CRÈME ET MASCARA). 12-SHAMPOOING SEC ! EH OUI, C'EST IDÉAL POUR REDONNER UN PEU DE VOLUME AUX CHEVEUX APRÈS UN LONG VOYAGE.

# Les modèles à copier

## Avoir du style, c'est trois fois rien : une jolie pièce, un détail auquel on n'aurait pas pensé, une façon de porter sa veste ou sa pochette.

Avoir du style, c'est savoir qu'avec une paire d'escarpins, un vieux 501 ou un sweat tout simple, on peut composer une tenue que tout le monde nous enviera.
Avoir son propre style, c'est avoir une façon de s'habiller qui n'est ni tout à fait la même, ni jamais si différente suivant les jours de la semaine.
Elles sont cinq, mais elles auraient pu être plus nombreuses, et avec trois fois rien, elles ne ressemblent à personne d'autre et elles sont des sources d'inspiration pour bien composer avec les basiques de notre dressing.

*Emmanuelle Alt*

rédactrice en chef de *Vogue France*

**Inès de la Fressange**
créatrice et mannequin

Lauren Bastide

journaliste à *Elle Magazine*

**Carine Roitfield**
directrice de *CR Fashion Book*

Caroline de Maigret
productrice de musique et mannequin

# Prendre soin de son linge

Avoir de jolis vêtements, c'est bien, mais qu'ils durent et gardent de leur superbe, c'est encore mieux !

## Bien lire les recommandations de lavage !

Évidemment, on ne lave pas le blanc avec la couleur, ni ses sous-vêtements avec ses jean (même si les lingettes qui empêchent les couleurs de se mélanger existent, la meilleure solution reste le tri).

## Le produit à toujours avoir chez soi

L'Eau écarlate ne coûte pratiquement rien et permet d'enlever un grand nombre de taches. Des petites lingettes d'Eau écarlate dans son sac, c'est aussi hyper-pratique en cas de projection de sauce vinaigrette juste avant un rendez-vous !

## Écouter les « ancêtres »

Comment blanchir son linge ou retirer des traces de peinture ? Pour le savoir, rendez-vous sur le blog www.grands-meres.net.

## POUR RÉSUMER, VOICI UN PETIT TABLEAU À PHOTOCOPIER ET À METTRE AU-DESSUS DE VOTRE MACHINE À LAVER.

| LAVAGE | | BLANCHIMENT | REPASSAGE |
|---|---|---|---|
| 95 °C Lavage normal | | | |
| 95 °C Programme textiles délicats | | Chlore et agent de blanchiment oxygéné autorisés | Repasser à fer chaud |
| 60 °C Lavage normal | Le chiffre dans la bassine indique la **température maximale** à laquelle vous pouvez laver votre linge sans l'abîmer. | | |
| 60 °C Programme textiles délicats | | Uniquement agent de blanchiment oxygéné/Chlore | Repasser à fer moyennement chaud |
| 40 °C Lavage normal | **Un trait** sous la bassine indique que le vêtement doit être lavé au **programme pour textiles délicats**, avec action mécanique réduite et à la température indiquée sur l'étiquette. | | |
| 40 °C Programme textiles délicats | | | |
| 40 °C Programme spécial | | Ne pas blanchir | Repasser à faible température Attention au repassage à la vapeur |
| 30 °C Lavage normal | **Deux traits** sous la bassine indiquent que le vêtement doit être lavé au **programme spécial avec action mécanique très réduite**, par exemple au programme laine. | | |
| 30 °C Programme textiles délicats | | | |
| 30 °C Programme spécial | | | |
| Lavage à la main | | | |
| Lavage interdit | | | |

*Source : www.elegance-paris.fr*

# LES AUTEURS

## Émilie Albertini

Émilie commence sa carrière en 2004 avec une chronique dans l'émission *L'Atelier de la mode* sur France 5.
C'est ensuite munie de son micro qu'elle propose des sujets drôles et décalés pour *Paris Défile*, sur Paris Première.
Sa carrière se poursuit en 2007 du côté du très grand public avec des émissions de relooking sur M6 : *Change de look ! Bien dans ma vie*, puis *Nouveau Look pour une nouvelle vie*.
Aujourd'hui, Émilie Albertini collabore à de nombreuses émissions en tant que réalisatrice, journaliste ou rédactrice en chef et écrit pour la presse féminine et le Web.

## Anne Humbert

Anne commence son parcours comme journaliste à la télévision pour Paris Première. Puis elle devient rédactrice en chef et responsable éditoriale de la chaîne.
Elle dirige la rédaction de plusieurs émissions de mode et de tendances : *MAPS*, *L'Atelier de la mode*, *Prêt à porter tout de suite…*
Elle conçoit ensuite plusieurs projets de sites de tendances sur Internet.
Aujourd'hui, elle est productrice artistique d'émissions d'art de vivre et de tendances pour la télévision, et continue d'écrire pour le Web et la presse.

# L'ILLUSTRATRICE

## *Stéphanie Rousseau*

Stéphanie est une Parisienne d'une trentaine d'années. Forte d'une expérience de six ans à la direction artistique d'un magazine de mode où elle a développé une culture et un œil pointus dans le domaine du luxe, elle est aujourd'hui créative free-lance aux multiples casquettes (directrice artistique, graphiste, illustratrice et photographe) pour la mode et le luxe. Elle nous fait partager ses expériences, ses découvertes, ses coups de cœur et sa vision de la mode et des tendances grâce à son site.

*www.mademoisellestef.com*

# TABLE DES MATIÈRES

## LES ACCESSOIRES

## DERNIERS CONSEILS

Imprimé en Espagne par Estella Graficas
pour le compte des éditions Hachette Livre (Marabout)
43, quai de Grenelle, 75905 Paris Cedex 15
Dépôt légal : octobre 2013
ISBN : 978-2-501-08613-4
Codif : 4130175 / 02